Enemies of the Heart

Breaking Free from the Four Emotions That Control You

安迪・史坦利
Andy Stanley

陳雅馨＿＿＿譯

告別受委屈的自己

目錄

專文推薦

在生活及人際關係上自助助人

李文成

《告別受委屈的自己》內容實際，脈絡清晰，有助於人們了解自己的情緒困擾，也提供了簡要、可行的自我幫助方法，是一本值得推薦的好書。

作者安迪．史坦利牧師近年被《外展雜誌》（*Outreach*）選為全美前十大最有影響力的牧師，牧會、輔導的經驗都很豐富，他以信仰為根基，輔以心理學的知識解析，又多次以自己成長與生命經歷為例證，增添此書的親切性與實用性。

安迪牧師以亞特蘭大北方一個複雜的交流道「義大利麵交叉口」常常大塞車為喻，說明生命中很多負面經驗從四面八方向我們襲來，帶來無法釐清的糾結，造成情緒的困擾。這些困擾來自人們彼此的虧欠，所以稱之為「情緒債務」，主要是罪惡感、憤怒、貪婪和嫉妒。

如果這些債務沒被清除，就會侵蝕心靈且支配著整個人際關係。要清除這些情緒債務只有兩種辦法：不是有人要還清債務，就是有人要取消債務。在我們心中堆積的情緒債務好像心靈敵人，有很多來源，但事實上，我們常常就是自己最大的敵人，清空自己的情緒債務，才能重回喜樂。

作者很巧妙地描述這四種情緒債務的形成：罪惡感是出於「我虧欠了某人」的心態，憤怒是因為「某人虧欠我」，貪婪是覺得「我虧欠了我自己」，嫉妒則是認為「上帝虧欠我」。這些債務常常是多年的累積，欠債已經成為一種習慣。我們不能指望短時間改掉一個多年養成的壞習慣，作者認為，改掉一個習慣需要我們培養另一個習慣，比如快樂就是一種好習慣。因此，作者在後面的章節，分別提供了清除這四種情緒債務的方法和步驟，希望讀者能建立新的好習慣。

安迪牧師提醒我們應該建立的好習慣包括：面對罪惡感時，解藥就是要練習懺悔；克服憤怒的習慣則是寬恕；貪婪的剋星是慷慨給予；而能夠讓我們的心戰勝嫉妒的好習慣是讚揚。

這本書很重要的特色是，由信仰的角度來詮釋複雜的心理困擾。當然，要建立好習慣來情除情緒債務，更需要與神有良好關係。比方說，作者提到：「貪婪是由恐懼所餵養……具體地說，貪婪者害怕上帝不會看顧他……所以貪婪的人就自己去取得並保有他

們所需要的一切，好提供他們渴望的安全感。」（頁 178）

作者有很好的屬靈洞見，指出貪婪的本質，也提醒我們要有足夠的信心，相信主耶穌的話：「你們看那天上的飛鳥，也不種，也不收，也不積蓄在倉裡，你們的天父尚且養活他。你們不比飛鳥貴重得多麼？」（馬太福音 6:26）這樣一來，才能不貪婪，建立慷慨的好習慣。

針對嫉妒的根源，作者也指出：「你真正的問題不是發生在你和你嫉妒的對象之間（你只是嫉妒他們所擁有的），你真正的問題是發生在你跟你的創造者之間。你覺得上帝虧欠你，而你對祂懷恨在心。」（頁 201）作者認為嫉妒來自我們認為上帝不公平，如同浪子回頭故事中的大兒子對父親的抱怨。我們需要對神有深刻的信賴，體會父親對大兒子的話：「兒啊！你常和我同在，我一切所有的都是你的。」（路加福音 15:31）才能以讚美代替嫉妒。

本書對於情慾的見解也很獨到。作者認為情慾不是情緒債務，「情慾在一個非常重要的方面不同於罪惡感、憤怒、貪婪和嫉妒：情慾是神創造的。祂甚至還說情慾是好的。」又說：「情慾的另一個不同之處在於，它是一種慾望——無論你多屬靈或是多具有奉獻的心，情慾都不會消失。情慾不是一個你能解決的問題，而是你要管理的慾望。」（頁

247）然而，要管理我們的情慾，更需要與神有密切的關係。

整體來說，作者從信仰剖析人性，洞見情緒的四大債務，又帶領我們學習從靈性生命的提升，清除我們的情緒債務。不但對我們信仰有很大的幫助，更可以在生活及人際關係上自助助人。

個人很榮幸有機會推薦這本值得細細品嘗的好書，開卷有益，願神賜福！

（本文作者為醫師、《靈性診療室》作者）

專文推薦

愛，是一切問題的答案

郭約瑟

慾望與情緒是哺乳類動物在世上存活必備的共同功能，運作模式為自私自利、弱肉強食的叢林法則。人類貴為高等動物，擁有獨特的語言及理性大腦，得以適當調控這兩者的運作模式，並以優異的說故事能力，開啟人際連結、組織、政治、經濟等高度操控與協調的法則，因而能成為地球的主宰者，並透過美的眼光與藝術的創作，讓這個世界更加奪目耀眼。

只是人類理性大腦仍存在諸多難解的盲點，包括先入為主、重蹈覆轍、短視近利、自欺欺人等，因此使得以自利為法則的慾望與情緒，頂著理性盲點的面具，得以找到更大的舞台，因而主導大腦的決策，胡作非為、顛覆世界秩序，甚至破壞大自然，讓整個地球的生態瀕於毀滅。

信仰為人類再度帶來希望，那就是靈性的法則，透過同理心、寬恕與和好、夢想與盼望、憂傷痛悔的心等，有機會彌補理性的盲點，讓人類彼此更加瞭解、重新和好，最終合而為一，而這些法則背後的推動力就是——愛。

上帝創造人，並啟示了「聖經」，成為人體使用的原廠說明書。伊甸園中，蘋果的誘惑開啟人類情慾的原罪；舊約時代天啟乍現的「十誡」，為人類的理性開光，但也因諸多盲點，而共同演出光明與墮落的歷史篇章。新約時代的來臨，因著天父對世人的憐憫，讓愛子耶穌死在十字架上，代贖人類的罪愆，展現「神是愛」的明證，成為開啟人類靈性發展的鎖鑰。

本書作者為精通心理學、教牧輔導的牧師，透過豐富的輔導經驗，歸納並聚焦探討人類的四種重要的情緒，包括罪惡感、憤怒、貪婪與嫉妒，背後有種共通的特質，稱為「虧欠」，描繪出人際關係最常見的衝突火苗，分別是「我虧欠你」、「你虧欠我」、「我虧欠自己」、「神虧欠我」。

乍看四種情緒雖顯負向，但也有其正向的功能與意義。缺罪惡感者，通常不懂得良善；無法憤怒者，學不會勇敢；不懂貪婪者，難以存糧、以備不時之需；不善嫉妒者，或許便難以見賢思齊。只是負向情緒過於強烈、持久或頻繁，就會產生諸多的後遺症。過度內疚，常鬱鬱寡歡，甚至以死告終；過度憤怒，則怨恨終身，甚至冤冤相報；過度貪婪，則常跨界掠奪、違法亂紀；過度嫉妒，則常自怨自艾，甚至編罪構陷。可見，人間天天上演的真實悲劇，大多由這四種失控的情緒所導演。

此外，身為神學專家的作者，他認為「憤怒、貪婪、罪惡感與嫉妒都是愛的對立面」。透過豐富的聖經要義，精要擇出四種讓人彼此相愛的靈性法則，包括「懺悔」、「寬恕」、「慷慨」、「讚揚」，作為清空上述四種情緒債務的法寶，不僅是平安喜樂的穩定力量，也成為指引現代人靈性發展的明燈。

作者輕鬆詼諧的筆調，透過故事、親身經歷，讓人很容易就能理解四種失控情緒惡習所造成的危害；並且從聖經當中找出各種真理，來印證四種對治的方案，內容相當精采。文末還附上小組共同討論的題目，深化相關意旨的學習，匯聚更多的人際智慧，甚至在小組中得以初步實踐彼此相愛的機會。

能提早親睹佳作，並為之作序，感到榮幸之至。

（本文作者為羅東聖母醫院前行政及社區醫療副院長
精神科資深主治醫師、《靈醫會之光》總編輯）

專文推薦

解除欠債的人際循環

潘美惠

本書的作者安迪・史坦利（Andy Stanley）是美國新世代的重要心靈領袖，他擁有多年的教會牧養經驗，累積了豐富的輔導案例，並以聖經的原則來處理四種侵蝕關係的有毒情緒——罪惡感、憤怒、貪婪、嫉妒，讓我們明白什麼是情緒債務，以及怎樣解除欠債的人際循環，讓我們脫離錯誤的習慣，給自己正確的眼光與視野，建立沒有虧負的愛與關係。

本書分四部分來探討，層層遞進，第一部探討我們心靈問題的來由；第二部詳細解說罪惡感、憤怒、貪婪、嫉妒等四種情緒債務；第三部為四種情緒債務提供解決的辦法；第四部則談到情慾問題與我們的情緒對孩子的影響。

書中有許多內容都非常發人深省，在此節錄一些段落，期盼讀者能深入思考其中含義，逐漸改變你的心：

- 你的心並不是一夜之間就變成了目前的狀態。同樣地，它也不會一夜之間就恢復健康了。
- 養成新的心靈習慣需要時間，但這個過程卻可以產生一些立竿見影的效果。我希望這些立即的回報，可以激勵你持之以恆地培養這些新的習慣，直到你達到造物主渴望你抵達，並按著這渴望創造你的地方。
- 心靈的問題會影響一個人開始和維持親密關係的能力。
- 受傷的人會傷人。我們可以加上一句：傷人者只會製造出更多的傷人者。傷害將如此不斷地傳遞下去。
- 如果你不喜歡那些把你後院弄得亂七八糟的梨子，唯一真正的解決辦法，就是把梨樹從根崛起，一勞永逸地除去問題的來源。唯有正本清源，才能對症下藥。
- 罪惡感、憤怒、貪婪、嫉妒——每一種都會產生一種債務與欠債者的人際動態，這種動態會導致一切人際關係的不平衡。
- 只有兩種辦法可以解決這種緊張關係：不是有人要還清債務，就是有人要取消債務。只要債務沒被還清或一筆勾消，債就支配著整段人際關係。
- 你虧欠誰？你認為誰虧欠你？為了找回一顆健康、快樂的心，你已經做好心理準備，要償還債務、接受別人償還的欠債，或是將債務一筆勾消了嗎？

- 是時間拒絕屈服於那些當其他人成功時，在你內心蠢蠢欲動的負面情緒了。與其保持沉默或是吹毛求疵，何不讓公開讚揚他人的成功成為你生命中的習慣？當那個人的成功可能反射出你消極的一面時，讚揚得更用力一點！

此外，作者提到聖經中的提醒：「你要切切保守你心，勝過保守一切，因為一生的果效是由心發出。」（箴言4:3）「我賜給你們一條新命令，乃是叫你們彼此相愛；我怎樣愛你們，你們也要怎樣相愛。」（約翰福音13:34）這正是清除這四種情緒債務的不二法門。

作者的筆調幽默風趣，論述深入淺出，即使是完全不懂心理學或心理諮商的讀者，讀起來也沒有門檻，我在此很榮幸地跟大家推薦這本好書。

（本文作者為馬偕紀念醫院院牧部主任牧師兼協談中心主任）

PART.1

問題從哪裡來？

人心比萬物都詭詐，壞到極處，誰能識透呢？

——耶利米書（耶肋米亞）17章9節*

* 本書中的聖經名詞（如章名、人名）在全書首次出現時，採用基督新教、天主教通用譯名對照的方式呈現，以便讀者閱讀。

第 1 章
它從心裡來

那聲音來自我的體內，但是一開始我並不確定。

那是一個週二的晚上。我正躺在床上試著入睡，忽然感覺到胸口一陣強烈的心跳聲，力道大到讓整個身體都震動了起來。

我坐起來，看了看躺在身旁的妻子珊卓，想知道她是否也感受到那沉重的心跳。沒有疼痛，也不是受壓，只是比正常更用力的一次心跳而已。我躺回床上想假裝一切不曾發生過。然後我的心再一次用力跳了起來。

這次我說話了：「妳感覺到了嗎？」

沒有人回答我。

當我躺在那裡盯著時鐘看時，我用手摀住心口，試著去感覺我的脈搏。大約半分鐘後，我注意到我的心臟漏跳了一拍，然後又大力地「怦怦」跳了起來。就這樣一直循環。心臟正常跳個大約一分鐘，然後不跳了，接著就是怦然巨響震動了我的全身。

不用說，那晚我自然沒怎麼睡。

隔天我打電話給我的醫師。他把我送到醫院，並要我用一個精巧設備記錄我正常作息時心臟的所有動靜。他說一般生活範圍內的事情都可以做，但說是這樣說，如果哪天你也要配戴這樣一個設備，我建議有些激烈一點的日常活動最好還是不要嘗試。

隔天我回到醫院，他們把這個設備插到電腦上，看看有什麼發現。一小時後，醫護人員走出來通知我，說我只是有點心律不整。這個說法讓我震驚了。「真的嗎？只是有點心律不整？你的意思是我的心臟只是不該每分鐘漏跳一拍，然後再用地震級的強烈震動來彌補那一拍？」

當然了，我沒有真的那樣說。他馬上就要幫我抽血了，對於任何一個就要拿針戳我的人，我總是盡量站他那一邊的。

他們做了一堆測試，能做的大概都做了。經過幾個小時的血液檢查、心電圖、超音波檢查，還有胸部X光之後，一個醫生進來看我。

他拿著他的記錄板坐下來，開始問我那些司空見慣的問題。問了一陣子後，終於他問我：「你目前有在吃什麼藥？」通常這答案很簡單，只消說「我沒吃藥」就完結了。但我剛好在服藥治療我每年都要發作的毒葛過敏的毛病。我也不確定自己是怎麼得到這病的，但每年春天我都得跟它打一次交道。事實上，我根本就不知道毒葛長什麼樣子——或許這也是我問題的一部分。

我試著念出我正在服用的藥物名稱，但是試了三、四次都念不出來。後來，醫師終於聽出了我的處方藥名，並將它寫下來。他仔細地看一遍處方，接著又問：「他們沒開類固醇給你嗎？」對，他們沒開。原因是我的家庭醫生已經先給我打了一針類固醇（事實上，是打了兩針）。

當我跟醫生說了這個看似無關緊要的消息後，他放下筆，笑了。「我想我知道你的問題是什麼了。」

這真是個好消息。「問題是什麼？」我問。

「是類固醇造成的。」他說：「你很快就會好起來了。這只是暫時的副作用，一旦類固醇進入到你身體的系統裡，成為你體內循環的一部分，你的心臟就會穩定下來了。」

結果怎樣你知道嗎——他說的沒錯，問題後來就自己解決了。

你的另一顆心

你應該已經猜到了。我不是醫師，所以這不是一本關於你身體裡的心臟的書，它是關於你另一顆心的書。

你知道的，就是哲學家、詩人、傳道者總是不斷提到的你無形的一部分。就是你高中時，當那個忘記叫什麼名字的女孩說她只想跟你做普通朋友時，你胸口碎掉的那個東西。我要談的是屬於你的一部分，當你看見你的孩子完成了很棒的事情時，會因自豪而微微鼓起的東西。它是當你聽到某首你過去常哼的老歌（或是任何讓你立刻想起某件往事的音樂）時，會升起懷舊傷感的東西。它是每個星期日早晨珊卓和我一起坐在教堂第一排時，會充滿了感情的東西。令人驚奇的是，經過這些年後，它依舊如此。

公平一點地說，我要談的那顆心，也是當我兒子在明星賽裡坐了整場冷板凳時，讓我想要扭斷教練脖子的那個屬於我的一部分。

我要談的是你那個神秘、美好，但也令人困惑的部分，它讓你能夠去愛、去歡笑、去恐懼，讓你能夠去體會、品嘗人生的滋味。它是親密關係發生的地方，也是親密關係破裂的所在。

心靈的干擾因子

人生可能是對人心的嚴酷考驗。世界充滿了外在影響，這些影響可能擾亂你心靈的節奏。大部分的影響是難以捉摸的。有些影響甚至看起來是必要的，因為它們防止了進一步的破壞。

隨著時間的推移，你養成的一些習慣會緩慢地侵蝕心靈的敏感度。生活中無可避免的痛苦與沮喪，讓你在內心周圍築起一道又一道的高牆。這種事情是很可以理解的。但是每當一天結束時，有個事實是你無法迴避的：你的心靈與它**原本該要維持的那個節奏**不再同步了。

這些使心靈無法同步的干擾因子，並不像類固醇一樣會自行成為你體內循環的一部分，而不用你花費任何心力。那些擾亂你心靈節奏的事物縈繞不去。如果放著不管，有些甚至會糾纏你一輩子。過了一段時間，我們開始接受這些干擾物是我們的一部分、我們性格的一部分。於是我們發現自己說：「我就是這樣的人。」但你並不是一直都是那樣的。那些最親近你的人都知道。

所以讓我問你，**你內心的情況如何？**

闔上這本書，想一會兒。你內心的情況如何？不是想你的事業、你的家庭或你的財務狀況，而是你的「心」。你可能從來沒有停下來看看自己的內心，你為什麼要這麼做呢？你有三餐要搞定、有電話要回、有訪問要準備、有帳單要付。如果在一天結束時，你整個人還陷在這些事情裡面，然後有人問你：「最近過得如何？」你或許也可以笑著嘆氣說：「我很好。」

但這是個不一樣的問題。

它是個更重要的問題，而且，也是個**尷尬的**問題。

真實的你與假裝的你

也許我們很少停下來審視自己內心的最重要原因是，人們從來不鼓勵我們這麼做。當我們還是孩子的時候，大人教我們要密切注意自己的行為。換句話說，大人教我們要**守規矩**。

不管我們內心正在發生什麼事，如果我們循規蹈矩，好事就會發生。相反，如果我們不守規矩，就會發生不太好的事情了。我父母相信打屁股的教育功能，所以我很早就特別留心那些不太好的事情。為了避免痛苦，我改正了我的行為，而且從那以後我一直都這麼做。我敢打賭你也一樣。

多年前，我和一個死黨因為好玩而挪動了一個路標，把車流引向一條入口閘道，那條閘道通向一條修建中、尚未啟用的高速公路。結果那件事讓我在監獄裡待了大半個晚上。於是我改正了自己的行為，我再也沒有挪動過任何路標了。

一般認為，痛苦、困窘、罰款和體罰，是讓人們將注意力放在行為上的有效方法。於是，我們變得更擅長於監督自己的行為，更勝於審視我們的內心。驅使我們這麼做的原因，不是只為了避免痛苦而已，好的行為也會帶來獎賞。身為一個職業基督徒（我的職業是牧師），人們付錢要我當個好人，所以我學會改正我的言行，以免摧毀我的名聲和職業生涯。

無疑地，你們也是這麼做的。不管你的工作是什麼，總有一些事是你不會去做的，不是因為你不想，而是因為職業上不允許。也許是講話用字受到了限制，儘管有時候那樣說才能真正表達你的感受。你可能也必須假裝喜歡某些人，因為他們對你有好處。這一切都很好。不只是好而已，還很有必要。畢竟，就像我的好兄弟查理喜歡說的，每個人都得混口飯吃。

不過，所有這些假裝的行為都可能帶來麻煩，因為假裝讓你忽視了內心的真實狀態。只要你持續說對的話、做對的事，你就會相信一切都很好。這正是你從童年經驗學到的。但是，當你對外的形象變得和內心真正的你距離太遠時，你就有麻煩了。到了最後，你的內心——**真正的你**——與你為了監控並改正你一切言行而做的努力，將會越來越脫節，在不知覺間纏繞你內心的那些尚未解決的問題，也終將突破包圍，浮出水面。

具體來說，它們將悄悄滲入你的行為、性格和人際關係。如果你繼續無視內心的真實狀況，無論在你心中糾纏不去的究竟是什麼，都會持續惡化，直到你再也無法用精心管理的言行來抑制它的地步。

所以讓我再問你一次，你內心的情形如何？

惡化的跡象

也許你已經注意到事情開始出現一些惡化的跡象。也許你一直以來都能夠控制自己的憤怒，但最近你聲音中幾乎無法壓抑的怒意甚至嚇著了你自己。那些偶爾從你毫無縫隙的正常外表下突然冒出的熊熊怒火，又是怎麼回事呢？

你知道你該為法蘭克得到升遷感到高興才對，但是因為某個原因，你卻一點也不快樂。真相是，法蘭克代表了來自你過去的某個人，他買走、贏走或是得到了某樣你想要的東西，而現在你發現自己因為這件事而怨恨法蘭克。

女士們，妳看到妳的嫂子或小姑穿著那件妳大概穿不下的緊身牛仔褲，妳覺得她穿起來很好看，但因為某個說不上來的理由，妳卻不打算說出口讓她知道。這是為什麼呢？為什麼這樣的事會讓妳覺得困擾？妳知道妳不該介意的。所以妳表現得好像一切都沒事，但其實並不是這樣。

這些只是反應了你內心掙扎的一些症狀而已。你的內心正遭受攻擊，而你可能是輸掉的那一方。主要原因是你忽視了這場戰役，畢竟從來沒有人告訴我們要密切注意我們的心。

下面這種陳述就是你的內心爭戰的證據：

「我不敢相信我竟然說了那種話。」

「我不知道這種想法是從哪裡來的。」

「我不敢相信我竟然做了那種事。」

「那不像我。」

問題的核心

心臟科醫師會用一種叫做「動脈造影」（arteriogram）的程序，來診斷病人心臟的健康情形。動脈造影是將染劑注射進血管後取得的動脈X光片。染劑讓醫師能夠精確地找到動脈中阻塞的地方，這些動脈是負責將血液送出心臟的迴路。

如果發現阻塞，老練的心臟科醫師就可以將心臟支架注入病人腿部的一條動脈中，從那裡將它向上送到心臟並撐開血管，這樣一來，血液就能夠在受到阻塞或是破壞的區域中暢行無阻了。在影片上觀看這個過程是件令人驚奇的事。你可以實際看到染劑一路穿過動脈，到達阻塞區域時便隨即停止。一旦注入染劑，即使是沒有接受過訓練的平常人，也能一眼看出有問題的區域——因為那是如此明顯。

然而，如果不是靠著動脈造影，威脅生命的心臟問題可能好幾年都不會被發現。有心血管阻塞的人會出現症狀，但這些症狀看起來似乎與心臟沒有直接的關聯。動脈栓塞的症狀可以表現為背痛、無法入睡、焦慮、食慾不振、消化不良、噁心、視力改變，甚至記憶力減退。

所有這些症狀都可以被視為和心臟健康無關的個別問題，而且這種事也經常發生。

只要用藥正確，大部分的這些症狀都可以減輕。但是想當然爾，這種只處理症狀的做法掩蓋了致病的真正原因。更糟的是，它還延誤了治病的時機，結果是讓問題更加惡化。

同樣地，我們也很容易只去治療那些因為心靈不健康而產生的次要問題或症狀，而忽略了更深層的問題。但是就像我們體內那顆心臟的情形一樣，根本問題最終還是會浮出水面，成為真正的問題。而就像心臟病發作可能會摧毀我們的身體一樣，心靈的心臟病也可能摧毀你這個人，使你最珍貴的親密關係陷入槁木死灰。

所以在接下來的篇幅中，我們將進行一些探索。我會盡最大的努力讓上帝那洞穿人心的真理之光照射你的心。就像在動脈造影程序中使用的染劑一樣，真理可以幫助我們精準地定位我們精神狀態中的阻塞部位。一旦確認了問題部位，解決辦法往往也就顯而易見了。事實上，解決辦法相當簡單，但是，首先我們必須先熟悉最常見的「心靈阻塞」的原因和症狀才行。

在這些章節中，我們處理心靈的四大敵人——四種生命的阻塞因子，它們可能因為各種原因而滯留不去，每一種都有可能侵蝕你的親密關係、你的性格，甚至你的信仰。我們將用幾章的篇幅來詳細討論心靈的四個大敵。接著，我將試著讓你擁抱四種新的習慣。我把這種習慣稱為「心靈的習慣」，它們是鍛鍊心靈的習慣，這些習慣讓我們的心得以保持它應有的節奏。

這四種習慣的每一種，都針對一種可能感染我們心靈的疾病。其中的三種也許聽起來很熟悉，但第四種你可能第一次聽到。無論你目前狀況如何，當你持之以恆地保持這四種習慣時，它們就會療癒你的心，使它恢復健全。

有證據表明，這些習慣也會對你的身體健康產生正面的助益。就我個人而言，我相信這些習慣可以改變一切。

如果這些話聽起來好得令人難以置信，讓我提醒你上帝在許多世代以前做過的一個宣告，這個宣告到今天仍然真實而且格外重要，那就是上帝說祂可以為男人或女人造一顆新的心（以西結書／厄則克耳 30:26）。

有趣的是，上帝做這個宣告的對象，是一群已經有了上帝「十大行為指南」（也就是十誡）的人。由此可以很清楚地看出，對這群人而言，光是知道行為上要做什麼是不夠的，他們必須發自內心地改變才能持守這些戒律。就像我們也都需要這樣做一樣，他們每個人都需要拋開那個外在形象，成為一個完整而健全的人。

我們需要的是一顆能夠與我們外在的順從同心合意的心。

尚未完成的工作

如果你是在我成長的那種教會環境裡長大的，那當我告訴你「上帝仍需要在你的心裡動工」，可能會造成你內心的緊張。也許你不久前曾在禱告中邀請耶穌進入你的心，你也可能和我一樣，以為一旦耶穌進入你的心，一切就沒問題了。你認為耶穌已經安住在自己心裡，所以一切就會順心如意了，不是嗎？

但是，總會在某個地方，我們每個人都不得不面對一個令人痛苦的事實，那就是一切都不太對勁。

我們擔心耶穌沒有聽見我們第一次的禱告，於是我們又做了第二次、第三次的禱告。但我們卻仍然不斷看見一些令人不安的跡象，表明我們的心並沒有被全然更新。所以這到底是怎麼回事？

事情是這樣的：從我們得救的那一刻起，上帝便開始在你心裡動工，但那項工作並不是在那一刻就完成了。我相信你知道自己身上發生了一些不對勁的事（如果你不知道，我相信你最好的朋友應該知道）。對於這樣的情況，我這個說法可能太過簡化，但姑且讓我這樣說：耶穌也許已經住進你的心裡，但他在你心裡並不是暢行無阻。

這就是為什麼得到神的原諒讓你感到快樂，你卻不總是樂意原諒其他人——這跟你的心靈狀態有關。就像你對自己得到的成功感到興奮，你卻不總是樂見其他人也享受成功的滋味——這也跟你的心靈狀態有關。這兩件事都說明了上帝尚未完成祂要在你身上展開的那項工作，你還只是一個半成品，還有一些心靈工作必須要做。

在我們繼續往前之前，還有一件事要提醒。你的心並不是一夜之間就變成了目前的狀態。同樣地，它也不會一夜之間就恢復健康了。你不可能瞬間清除經年累月的罪惡感、憤怒、貪婪和嫉妒所造成的阻塞。養成新的心靈習慣需要時間，但這個過程卻可以產生一些立竿見影的效果。

我希望這些立即的回報，可以激勵你持之以恆地培養這些新的習慣，直到你達到造物主渴望你抵達，並按著這渴望創造你的地方。

第 2 章 事情不像表面上那樣簡單

如果你是美國 NBA 的球迷，你肯定認得皮特．馬拉維奇（Peter Maravich）。如果你跟我一樣對籃球不熟，那也沒有關係，我會用簡單、快速的方式介紹他。

早在魔術強森或喬丹等職籃明星出現前，曾經有個綽號叫「手槍」的運動員，就是皮特．馬拉維奇。他是個身材瘦削的白人後衛，出身路易西安納州立大學，把籃球場當作他的舞台。當皮特像火箭般衝進場內時，球迷們都瘋了。他的出現讓球賽成了一場舞台秀。

皮特曾經三次入選全美明星隊，是美國大學體育協會（NCAA）籃球一級聯賽的得分王，令球迷們目眩神迷的正是他的精彩球技。籃球由一根看不見的絲線與他的手指連在一起，那神乎其技的控球技術經常耍得防守他的球員一愣一愣的，球在他兩腿間、在他背後流暢地彈跳著，一瞬間就穿越了最小的防守空隙。

有一次，傳奇教練德里澤爾（Lefty Driesell）跟他保證，許多偉大的球星沒有華麗的傳球招式，但他們依然成功了。而馬拉維奇的回答是：「但人們不會為了看你雙手胸前傳球而付你百萬美元。」手槍皮特在大學打球時，創下了一級聯賽每場得分四十四．五分的紀錄，他的職業生涯平均每場得分四十四．二分，總得分三千六百六十七分，這些紀錄至今仍屹立不搖。在他的職籃生涯中，曾獲選進入五支全明星隊，並當選NBA史上五十大巨星。

「手槍」留著一頭蓬亂的長髮，身材瘦削，體格卻出奇精實，看起來好像可以連打好幾天球也不累。但是一九八八年一月五日，在手槍皮特已經不用辛苦地趕赴一季七十場以上賽程的幾年之後，當時才四十歲的他突然倒下了，死因是心臟病；當時他正在進行一場臨時湊隊的比賽。驗屍報告發現，他的死因是過去不曾診斷出的先天性心臟缺損——他出生時只有一條冠狀動脈，而正常人應該有兩條。

像手槍皮特這樣的故事——看起來完美無缺的運動好手，卻在年紀相對年輕時就悲劇性地突然死於心臟病——讓我們明白了一個發人深省的事實：一個人身體的勇猛表現，並不總是反映他心臟真實的健康情形。只透過觀察一個人的體能狀況，就假定他的心血管健康情形，結果可能是致命的。

相反地，你也可能會認識這樣一個人，他對均衡飲食的概念就是一整盒高熱量甜甜圈配上半打無糖可樂，但他的心臟卻奇蹟般地完好無損。就像一隻精良的瑞士手錶，無論怎樣不愛惜使用或是不當保管，它的指針仍然分毫不差地跳動著。這讓我再一次看到，行為並不總是能夠準確地反映我們的內心。

警告信號

正如我們之前提到的，當你的心臟有毛病時，你不一定會知道，因為有時候它就是沒有出現讓人注意得到的症狀。當有症狀出現時，又可能看起來與心血管系統無關。有些人很幸運，他們在緩解這些症狀的過程中發現自己有心臟病，但是極少有心臟病患者在一開始就醫時就知道自己的毛病出在哪裡。一般來說，除非家庭醫師建議他們這麼做，否則人們不會找上心臟科醫師。

現在我告訴你們，我們的身體是獨一無二的受造物，當事情不對勁時，它就會給我們發出求救信號。這些信號就像出現在晴朗夜空中的強烈閃光，警告我們即將來臨的危險。我們不應該忽視這些信號。但是這些信號需要得到正確診斷，因為人們很容易誤讀或是誤解它們。

當你翻開聖經，裡頭談到你的另一顆心的健康狀況時，你會發現，兩者的概念是非常相似的。因為你的另一顆心是你無形的一部分，它會愛、會恨、會悸動，並在看到某些人時會融化。聖經認為許多惡事的發生都要歸咎於我們的另一顆心——即使我們不認為那些事與我們的心有什麼關聯。

就像一個人半夜明明是因為心臟病引起的消化不良而醒來，卻會習慣性地伸手拿胃腸藥一樣，我們往往只是頭痛醫頭、腳痛醫腳，而沒有處理到根本的問題。所以症狀從來就不曾消失。

也許下面這個梨樹的比喻可以有助於你的理解。

去除問題的根源

想像一下，你買了一棟房子，院子裡有棵大梨樹，每年都會結實纍纍。這聽起來不是壞事，但問題是梨子太過盛產，已經多到梨樹負荷不了的程度，而讓梨子落了一地，你的院子也成了一片梨子海。

正常情況下，這不是什麼了不起的麻煩，頂多每當你走過後院時，你會穿著鞋底卡著碎梨塊的鞋子進屋。但糟糕的是，當你使用除草機割草時，掉落的梨子一碰到高速運轉的機器就會化身為梨子飛彈，瞄準你的車子、房子和你鄰居的籬笆，四處亂射。如果這還不夠糟的話，夏天的太陽一曬，爛梨子的味道可是相當難聞，不僅引來蟲子，還會殺死草皮。

所以你會怎麼做？你可以拿個水桶把所有地上的梨子撿起來。這樣做可以解決你幾個禮拜（也許是一季）的問題。但是來年春天，一切又捲土重來。如果你想要一勞永逸地擺脫梨子的問題，你不會只是把落下的梨子撿起來，你會採取更能持久的做法。

然而，正如之前所說的，我們往往採取第一種方法來解決我們的心靈問題。我們一直在撿梨子，為我們無心出口的話和不當的行為道歉。我們跟自己發誓，也跟周遭的人發誓，說我們再也不會重蹈覆轍，而且我們是認真的。然後我們就重複了相同的錯誤。於是我們拿出籃子開始撿梨子，開始另一輪的道歉。

如果有人善於言詞，甚至會對於為什麼很難打破這個循環有個很好的解釋：「畢竟我的父母如何如何，工作壓力又如何如何……」於是一而再、再而三地，我們把責任怪到別人頭上，並且為自己的錯誤尋找解釋。但是最後什麼都沒有改變。

如果你不喜歡那些把你後院弄得亂七八糟的梨子，唯一真正的解決辦法，就是把梨樹從根崛起，一勞永逸地除去問題的來源。唯有正本清源，才能對症下藥。

事情大概就是這樣，我明白我要表達什麼了嗎？

讓我更進一步說明。我們不會對於梨樹繼續掉梨子感到驚訝，你也不會驚訝蘋果撒遍了整個蘋果園。如果你走在山核桃樹下，你自然預期自己會踩到一些山核桃。在每一個情況下，你都知道問題的來源，你知道要怎麼做才不會讓地上撒滿無用的果實。

所以請告訴我：那散布在你周遭的所有不恰當行為和傷人言語，它們的來源是什麼？特別是那些你隨口說出來的話、隨手做出來的事。你知道我在說什麼。所有那些你一直試著抹滅掉、解釋掉，但是卻一直重複發生的事情。它們的來源是什麼？

當你在想那件事時，這件事也請一起想想：解決辦法是什麼？如果來源單純只是一些行為習慣，你早就已經解決它們了。如果「更努力一點」是解決辦法，你現在已經擺脫掉那個問題了。所以問題的來源和解決辦法是什麼？

不像結實纍纍的果樹，我們無法把自己砍倒然後拖走。但是讓我們面對問題吧，或許有些人已經打包遠離你，因為他們已經厭倦了遭受你那些爛水果的襲擊。當你意識到你身邊的某個人永遠也不會改變時，很可能你自己也遠離了一些人。

所以問題的來源和解決辦法是什麼？讓我們用不同的方式來問這個問題。

那話是從哪裡跑出來的？

你曾經遇過這種事嗎？你說了某些完全不像你會說的話，你連忙摀住嘴巴，好像在說：「我不相信我會那樣說。」也許你甚至會說：「那話是從哪裡跑出來的？」人們會看著你，好像在說：「天啊，這是**從哪裡**跑出來的？」

所以那話是從哪裡跑出來的？不知道？想要猜猜看嗎？

你認為那次的爆發只是個例外。從某種意義上來說，確實如此。這是個例外，因為你通常不會讓你內心所想的事情暴露在其他人面前。但是正如我們將在下一章中發現的，那次令人尷尬的爆發在你心裡**並不是個例外**。事實上，它反映的正是縈繞你內心深處的事。

我們變得十分擅長掩飾內心真正的想法。事實上，我們是如此擅長掩飾，以至於大部分人都不知道真實的自己究竟有多腐敗。但是我們的心偶爾會暴露在人們面前——我們發誓自己不是真的那樣想，但事實是，我們只是真的**不打算把它說出來**而已。

還記得金凱瑞在《王牌大騙子》裡的角色嗎？他演的角色叫做弗萊契，是個律師也是個無可救藥的騙子，他的兒子希望他能夠一整天都說真話。神奇的事發生了，弗萊契有整整二十四小時都無法說謊。他的心突然暴露在眾人面前，而且是完完全全地暴露了出來。他的嘴巴成了一面沒有濾鏡的鏡子，反映出他內心深處不斷翻攪的那些心事。弗萊契最大的資產（他那張嘴）現在成了他最大的負債，他再也無法掩飾任何事情，他澈底暴露了。

如果我們忽然間變得無法掩蓋所有我們不想讓其他人看見的垃圾，這樣我們就有動機去處理那些困擾我們的根源了。一旦拿掉濾鏡，我們無疑會毫不手軟地修復內心的障礙。就像一個人發現自己只要多吃幾個起司漢堡就可能心臟病發一樣，我們會重新安排每件事的優先次序，以解決這個迫在眉睫的危機。

該責備的對象

但是嚇著我們的不只是我們的言語，對嗎？有多少次你發現自己正在做你知道你不應該做的事？可能是某件你從根本上就反對的事，某件如果其他人做了，你會立刻譴責的事。就我而言，就是那些我在講道時要求大家不要做的事。然後我們會喃喃自語說：「我不知道我為什麼要這樣做，那不像我會做的事。」

所以**這行為**從哪裡跑出來的？它的來源是什麼？是魔鬼逼你這麼做的嗎？於是你現在有了個想法：也許是魔鬼害的！也許我們不該為我們的行為負責，或者至少不該負完全的責任。也許要怪也是該怪**其他人**。

有趣的是，聖經其實並不鼓勵我們將自己的異常行為推到撒旦身上。聖經指向另一個完全不同的方向。

我不會怪你（或怪我自己）轉移該責備的對象，因為沒有人想承認自己的內心生了病。這聽起來就很嚴重。如果我把我的偶爾失言當成單純的行為問題，我會感覺好過一點。畢竟沒有人是完美的。但如果你說我的心有問題或是它需要修復……好吧，那種話很傷人。現在我感覺自己像個**壞人**，好像我必須加入某種更生人計畫一樣。

我進行青少年輔導已經有十五年的時間，不記得有多少次我向孩子闖禍的父母提供諮詢。那些爸爸媽媽們不可避免地會說些類似這樣的話：「他是個好孩子。他的心地很善良。他只是惹上了一點小麻煩而已。」

錯！

他是個可愛的孩子，他很有才華，但是他不是個心靈完好的「好」孩子。好孩子會做好事，這道理就像是梨子樹會長出梨子一樣。事實上，他們的孩子內心是一團糟。每個這樣的孩子「內心」都出了問題，並不只是單純的「行為」出問題而已。

那些認清根本問題並對症下藥的父母，會得到孩子行為改善的回報；而那些不願面對痛苦真相的父母，則發現自己不斷在處理著同樣的問題。限制孩子的行為對他們的內心沒有任何好處，只是延緩了更多不幸的到來而已。

傷害最深的人

讓我們再回來談談你吧。這裡有一件事，是你身邊的人知道，但你可能還毫無頭緒的：那些跟你最親近的人，經常要承受你一直努力隱藏的那些爆炸物所造成的攻擊。它可能不會在高爾夫球場上爆炸，它可能不會在普通的熟人之間爆炸，它幾乎從來不會在社交場合引爆。你內心深處的東西只會在家裡炸開，那是你放開「保險栓」、卸下防備的地方。那時候，心會以最負面的姿態，暴露在你最愛的人們面前。

我們傷害最深的人，也是我們最愛的人。

那些可怕傷人的話語，卻說出了痛苦的事實。

但是**有一個解決辦法**。

我們需要改變，從內而外的改變。更嚴密地監控我們的行為不會有任何幫助。我們的言行只是衡量內心世界的尺度而已，它們表明了我們在哪裡、不在哪裡，以及正往哪裡去。真正的罪魁禍首是我們的心。真正的轉變必須要發生在內心。

如果這樣還沒有說服你，請繼續讀下去。

第 3 章

隨時會爆發的火山

從小，大人就不允許我說「馬的」，因為「馬的」聽起來太像某個「媽」開頭的髒話了（至少這是大人跟我說的理由）。我也不能說「老天鵝啊」，理由也是差不多，「老天鵝」聽起來太像老天爺。

對現在的小孩來說，這似乎不是阻止他們說這些話的理由。但是對當時的我來說，我覺得我應該要因為**不說髒話**而得到一點肯定才對。總之，那就是我們的規定。至於說了之後的懲罰？好吧，也同樣沒什麼道理可言。家人告訴我，如果我違反了規定，他們就會用肥皂來洗我的嘴巴。

我無法想像那個畫面，不過那聽起來可不是我會想要經歷的事情，所以我向大人保證絕對不會說任何不該說的話。有很長的一段時間我都遵守這個規定。唉，但一切美好的事物終歸都有盡頭。

一天下午，我在前院和鄰居的死黨們玩要（順道說一句，死黨們也從來不說「他馬的」，只是他們的理由跟我的不一樣）。我們正在進行激烈的腳踏車大戰，我玩昏了頭，不自覺大喊：「他馬的，別讓那腳踏車擋我的路！」

我不知道我媽到底是怎麼有辦法從屋裡聽出那是我的聲音，而不是前院裡其他男孩子們的聲音，總之她辦到了。接下來我只知道，她站在門口，用非常平靜的語氣說：「安迪，請進屋裡來。」

我不知道的是，我媽跟我一樣，對於接下來要發生的事一點也沒心理準備。用肥皂洗嘴巴其實是我爸的主意，而我爸不在家。所以媽媽只好接下了用肥皂洗我嘴巴這個的任務——她從來沒做過，也不知道該怎麼做。

而這一切只為了一句話，它甚至不是髒話，只是**聽起來**像而已。

她跟我一起走進浴室，把我的牙刷從儲物櫃裡拿出來，在一塊肥皂上擦了幾下，然後開始刷我的牙齒。我幾乎快吐了，媽媽看起來也不太舒服的樣子。

直到今天，我還是不知道這種特別的懲罰是不是原本就應該用那種方法進行，不過我確實知道一件事：牙刷法是有效的。那是我唯一一次用肥皂來洗嘴巴。「馬的」一詞此後就從我的字典裡消失了。

不斷擴增的規定

我的父母並不是第一個建立「次要規則」以防止我們違反某個「主要規則」的人。幾千年前的某些宗教領袖就把這種事當成事業來經營，直到耶穌來的時候，已經有五百多條規定加進了上帝親自傳給摩西（梅瑟）的律法中。

人們稱這個不斷擴增的規章制度為「祖先的傳統」，它唯一的目的就是要防止猶太民眾不小心違反了最初的戒律。比方說，摩西律法禁止人們在安息日進行買賣；因此他們就增加了一個條款，禁止人們在安息日處理金錢，以此確保沒有人會違反最初的安息日律法。隨著時間過去，宗教領袖賦予了這些「傳統」與摩西律法同等的地位。

耶穌的門徒馬太（瑪竇）紀錄了一樁與此相關的事。有趣的是，讓耶穌惹上麻煩的這條規定，和我們家裡有的某條規定是一樣的。事情就是，耶穌忘了「吃飯前要洗手」這條規定（嗯，我想耶穌從來不會忘了什麼，所以我想他是自己決定這樣做），門徒們見他沒洗手，也依樣畫葫蘆。他們這樣做對法利賽人而言是很苦惱的，就像對我妻子而言也是很苦惱的一樣。

根據「祖先的傳統」，每個人從指尖到手肘都應該澈底清洗過才能進食。儘管這樣似乎很麻煩，但「祖先的傳統」花了很大的力氣在說明一個人在吃東西前應該怎樣洗手。除了基本的衛生理由之外，這條規定是為了避免人們不小心違反了儀式上有關潔淨的規定，成為不潔的人——也就是說，它防止人們在無意間將錯誤的食物（或是接觸過錯誤食物的東西）送入自己的體內。

但是飯前洗手並不是摩西律法的要求。當然了，這是個好主意，但是拉比（猶太導師）已經讓這件事成為判斷一個人虔不虔誠的標準了。隨著時間過去，這個規定在猶太社群中已經取得了和最初在西奈山頒布的原始律法同等的重要性。

但是耶穌忽視了這條規定，也沒有堅持讓他的跟隨者遵守它。整件事情的發展都紀錄在〈馬太福音〉十五章中。

有幾個法利賽人和經學教師從耶路撒冷來見耶穌，問他：「為甚麼你的門徒不遵守我們祖先的傳統？他們吃飯以前並沒有按照規矩洗手！」（15:1-2）*

* 譯注：本書中的經文均依據需要，按現代中文修訂版或新標點和合本譯出，僅少數地方視上下文略有修正。

這些人很明顯是沒事找事做。他們站在這裡，站在一個可以用話語醫治病人、使大海恢復平靜的男人面前，而他們卻因為他吃飯前沒洗手而驚慌不已。

耶穌用一個問題來回答了他們的問題：「為甚麼你們為著遵守傳統，卻違背了上帝的命令呢？」（15:3）

他把問題直接拋回到他們的身上。那些法利賽人控訴他無視他們附加在律法上的規定，耶穌則回過頭來指責他們，為了遵守那附加的一條規定，卻違反神的律法。在他們還沒回應前，耶穌就展開了一場小型佈道。他毫不退縮地稱他們是假冒為善的人，指責他們藉著自己自製的傳統而廢掉了上帝的誡命。這是無情的控訴。

耶穌和法利賽人一說完話，就把注意力轉向了他的門徒（他們可能正因為目睹宗教裁判們在自己的遊戲中被痛宰而叫好）。他重新提起法利賽人們提出的潔淨主題：「難道你們不曉得，一切從人嘴裡進去的東西，到了肚子裡，然後又排泄出來？」（15:17）

現在我們看到耶穌提出了一個洞見。進入人嘴裡的東西最終都會通過人的身體，然後排泄出來（我懷疑除了馬太以外，還有誰曾寫過那樣直白的話）。既然耶穌已經讓門徒的全部注意力都放在他身上了，他便一口氣說出了他的看法：「但是從嘴裡出來的是出自內心，那才會使人不潔淨。」（15:18）

從嘴裡出來的東西

耶穌的看法是什麼？他認為，神關心從我們**嘴裡吐出的話語**，更甚於關心我們**吃進嘴裡的食物**。神關心從我們體內**出來**的東西，更甚於**進入**我們體內的東西。這對猶太人而言是個新大陸；他們對於放入口中的食物極為謹慎，但耶穌卻說從我們口中所出的東西得罪神，更甚於從我們嘴裡進去的東西。

這句話一定引起了他們的注意：「從嘴裡出來的是出自內心。」內心？從嘴裡出來的一切都是出自內心嗎？一切嗎？耶穌真的是這個意思嗎？一開始我是有點不同意的。不是所有從我嘴巴說出的話都是發自內心吧？

如果你跟我一樣，那你也一定曾經有很多次，說出那些你不是真的有那個意思的話。一次又一次地，我們全都摀住嘴巴小聲說：「我不知道那話是從哪裡來的！」但是顯然耶穌有答案，他會回答：「我知道。它是從裡面來的。它出自你的內心。」

但是事情還不只如此。

耶穌繼續說，我們的內心不只要為我們所說的話負責，還要為我們所做的事負責：

因為從人心裡出來的有種種惡念；這些惡念指使他犯凶殺、淫亂、通姦、偷盜、撒謊、毀謗等罪。這一切才真的會使人不潔淨。至於不先洗手吃飯那一類的事是不會使人不潔淨的。（15:19-20）

惡念？我以為那些念頭是來自我的「腦海」。如果耶穌是對的（我敢打賭他是對的），那麼我的腦海並非我所有思想的源頭。源頭在更深之處。我的惡念源自於己心。看看他列出的其他事項吧！全都是行動與行為，而它們全都出自於我們的內心。

監視己心

這件事有著巨大的意涵。正如前面已經提到的，我們往往在監視我們行為的同時，卻非常忽視我們的內心。畢竟，你要如何監視自己的內心呢？注意我的行為是容易的，而且在這方面我還可以得到許多幫助，在我的行為出現極大偏差之前，老早就會有人提醒我了。可是我的內心呢？事情似乎就複雜了一點。

但如果耶穌列出的那些事項全都發自我們的內心，那麼，顯然我們需要一個新的監控策略。畢竟，如果我們知道如何審視自己的內心，如果我們知道如何從根源上解決問題，也許我們的行為就會出現顯著的改善。

你是否開始納悶，為什麼從來都沒有人教我們這樣做？

突然間的爆發

耶穌不是第一個指出心靈重要性的人。再往前約一千年前，所羅門（撒羅滿）在寫下以下這段話時，就已經表達了和耶穌相同的關切：「你要切切保守你心，勝過保守一切，因為一生的果效是由心發出。」（箴言 4:23）在這裡，所羅門實際上是在建議我們「監視」或保護我們的心。為什麼？因為我們的生命——也就是言語和行為——是由心發出。心是生命的泉源。

我們的心思意念（無論是善是惡）最終都會轉化為言語和行為。這聽起來可能有點嚇人，因為我們很難知道心裡面發生了什麼事。舉例來說，當我們聽見或看見某件事時，忽然感受到一股巨大的情緒從心底湧上來，我們心裡會想：「我被打中了，這真的觸動了我的心。」但是當這種事情發生時，我們總是十分驚訝，我們不能每次都準確預知哪件事會擊中我們的心，不是嗎？為什麼我們會感到驚訝？也許是因為我們太少接觸自己的心了。

另一方面來說，我們也曾經看見或聽見了那些照理說會使我們心情受到影響的事情，但……什麼都沒有，內心沒有回應。於是我們開始納悶：「我到底是怎麼了？為什麼其他人都受到了影響，而我卻對此無動於衷？」也許人們會指控你「心腸硬」，或是說你「鐵石心腸」。如果你是個男人，你也許還會自豪自己是個不容易被打動的人。但那是件好事嗎？甚至，你真的是個這樣的人嗎？

心是如此神秘。事實上，曾經有個先知問了一個關於人心的問題：「誰能識透呢？」（耶利米書／耶肋米亞 17:9）這句話的意思是，無人能識透人心。這點我欣然同意。即便我們開始了解它，肯定也無法控制它——因此，我們更需要學會審視我們的心。就像一座休眠火山的地震活動一樣，你不知道的東西會傷害你。如果你曾經因為耶穌提到的那些從人心裡出來的惡念而吃過苦頭，你就知道那是事實。

突然間，有人提起了離婚。

突然間，有個孩子的成績下降、態度也改變了。

突然間，一個無害的消遣變成了具有破壞力的習慣。

不知怎麼地，傷人至深的話語就這樣刺穿了你深愛之人毫無防備的靈魂。

我們都見過這種事，感受過它造成的傷害，甚至自己就是造成傷害的那個人。

正如耶穌所預言的，源自秘密地方的東西不會永遠保持神秘。最終，你的家庭、辦公室和附近鄰里都會知道這個秘密。

我們都是隨時會爆發的火山。現在該怎麼辦呢？我們如何對付一個我們甚至看不見的東西？我們如何保衛（也許更適當的說法是**防衛**）我們的心？我們如何監視在這個秘密場所中發生的一切？這些事隨時都可能不再是秘密。

我很高興你問了這個問題。那正是在接下來的篇幅中我們要一起來發現的。

第 4 章
受傷的心

在亞特蘭大北方有一個交叉路口，兩條主要的高速公路在此交會。我說的不是有個轉彎車道和紅綠燈的那種十字路口，這個二十世紀的工程怪獸綿延了數英里長，有無數個高架橋和出口閘道。我曾開車行經那個交流道好幾百次，但我還是得小心翼翼地注意那些號誌，以免一不留神就把車子駛回頭了。

多年前，當這個交流道啟用時，一家地方電台舉辦了一場比賽，要為這個鋼筋混凝土的龐然大物取個外號。在參賽的外號中，我最喜歡的一個是「汽車絞殺扳手」，但最後勝出的是「義大利麵交叉口」。當你從空中鳥瞰時，這名字確實很適合它。而儘管這個交叉路口讓人分不清東南西北，但它確實是一個相當有效率的交通樞紐——除非你碰巧在下午四點到六點間經過，在每天的這個時段，「義大利麵交叉口」就會變成一個多線道停車場，一切都陷入了停頓，所有想要回家吃晚飯、早點去看場球賽或準時跟人見面的希望都破滅了。

幾乎每個住在亞特蘭大都會區的人都有過這樣的經歷：他們在車子開進「義大利麵交叉口」時臉上還掛著微笑，心裡哼著歌曲，但是一小時後，當他們開著車子出來時，只想賣掉一切家當搬到鄉下去。好消息是每個人最後都開出了「義大利麵交叉口」。壞消息是，很少有人能夠帶著和他們開進來時同樣的心情離開。以我的情形來說，我塞在路上的時間越久，我的心情就會越壞。

另一個樞紐

我們的心也是一個樞紐。無論是好是壞，我們經歷的每件事都經過心靈的加工。生命從四面八方向我們襲來，但一切事物只有通過我們的心才能找到方向。不幸的是，負面經驗往往會困在我們心中無法離去，而這些負面經驗最終會透過我們的言行找到出路；但因為進出之間所發生的延遲，我們很難將這兩者聯想在一起。

所以我們很生氣，卻不知道為什麼。我們感到不滿，卻找不到令我們不滿的真正原因。我們憎恨某一類的人，儘管他們並沒有做過什麼值得我們這樣憎恨的事情。我們心懷嫉妒的同時卻始終清楚，因為某人擁有我們沒有的東西而討厭他是很愚蠢的。這些事情都沒什麼道理，卻都真真實實地存在著。如果不加以控制，它們可能讓我們落入自我毀滅和破壞關係的行為模式。

所以也許耶穌是對的——所有我們不喜歡自己的東西都是出自於心。

被阻塞的心

也許耶穌是對的？耶穌當然是對的。心靈滲透進我們的**每一次談話**中，在我們的**每段關係**中發號司令。我們的生命出自於心。我們活著、扮演不同的角色、做出不同的行為，並且發自內心地去愛。我們的心影響著我們的溝通強度，我們的心有可能誇大我們的敏感與不敏感處。生活的每個舞台都交織著我們內心小劇場的戲碼。每件事都經過心才抵達它要去的地方。一切都是。

所以我們需要監控我們的心。即便生命是一個公平競爭的環境，我們顯然也需要密切關注我們生命中那個無形但卻至關重要的部分正發生著什麼事。然而生命並不是個公平的遊戲。讓我們面對事實吧，生命並不總是美好。每個人都經歷過一定程度的傷害和拒絕，有些人多歷苦痛，勝於其他人。這些無可避免的現實讓不愉快的事情堆積在我們心裡。我們甚至發展出一種語言來描述這個現象：

「我再也不會相信別的男人了。」

「我再也不要去愛人了。」

「我再也不要把我的心交給任何人了。」

「我誰都不需要。」

「我不會讓任何人進入我的內心深處。」

「她傷透了我的心。」

「他令我傷痕累累。」

或者是當談到那些心曾經受傷過的人時，我們會說：

「他是個硬心腸的人。」

「你永遠無法了解她。她在她的四周築了牆。」

「他無法信任人。」

「她很冷酷。」

「擁抱他就像擁抱一座冰塊。」

我們最早的創傷往往是在童年時造成的。那時我們的年紀還小，讓我們無法準確地處理我們的感受；我們只知道那感覺很糟，我們再也不想要有這種感覺，永遠都不。但如果傷害重複發生，我們就會開始發展出應對策略。我們必須這麼做。對痛苦的自然反應就是停止它，而一旦讓痛苦停止，我們就會去避免讓痛苦再次發生。無論是身體還是情感上的痛苦都是如此。

在某些情形下，我們會採取極端做法來停止我們的痛苦。極度的痛苦就要採取極端的做法。

無以名狀的痛苦

當我的大兒子第一次感覺自己受到傷害時，我人在現場。那是個糟糕的經驗。安德魯那時差不多四歲。我們正舉辦一個派對，一個大人正在開他某件事情的玩笑。忽然間，安德魯整個人封閉了起來。

我以前從來沒在他臉上看見過那種表情，但我清楚知道發生了什麼事。他一句話也沒說地轉身走進了客廳。我跟著他，當他看到我時，他只是帶著痛苦與困惑的表情盯著我。他感覺到某種他從未有過的感受，但他不知道要拿這些感受如何是好。我在沙發上坐下並伸開了我的雙臂，但安德魯只是站在那兒。我伸出雙手緊緊抓住他，然後抱住他不放。要向他解釋「說那句話的人只是在開玩笑」是沒有意義的。那不重要。這些都是沒有名字也無處安放的感覺。因此我只是抱著他而已。

過了幾分鐘，我讓他在我面前站好，我說：「那句話很傷你心，對嗎？」這時安德魯忽然大哭起來。我很高興他能夠哭出來。我不是心理醫師，但我知道讓某些感覺堆積在心裡的危險。而我希望盡可能地讓這個小男孩的心保持純淨，沒有雜質。他的眼淚潔淨了他小小的心靈，而我只是抱著他，讓他盡情地釋放眼淚。

不幸的是，當大多數人第一次受傷的時候，並沒有人在我們身邊。所以我們就帶著那個傷口繼續往前，決心再也不讓這樣的事情發生。到了青春期，我們都有了一顆受傷的心。我們無法避開那些來自朋友、父母、老師、教練，以及敵人的各種大小打擊。

我的致命弱點是我的牙齒。我有嚴重的齙牙，我的齒列非常糟糕，以至於我的牙齒矯正醫師因為發明了一種矯正我嘴巴的小工具而得獎。他矯正的不只是我的牙齒——是我的整張嘴。事實上他還將我矯正前、矯正後的對比照片擺在他的辦公室裡。任何懷疑他資歷的人只要看看我的照片，必然會對他的技術留下深刻印象。

在我接受矯正之前的那些年，我承受了各種殘酷的對待。我是如此受傷，因此我拒絕在拍照時微笑。從四年級到六年級的每一張照片裡，我不是在哭就是愁眉不展。身邊的孩子們告訴我，我看起來可笑極了，我相信了他們說的話。即使是現在，在鏡頭前露出微笑對我而言還是有點困難。

你也許也有一兩個自己的故事。也許現在這些故事聽起來有點傻，但是在當時它們可不傻。在我們瘦下來、長高了、知道該怎麼整理自己的頭髮、走過滿臉青春痘歲月的許久之後，那些記憶和傷疤依然在那裡。我還能記得六年級時孩子們叫我的那些外號——事實上，它們就是我對六年級的全部記憶了。

我可以很有信心地說，沒有人在讀完了整個中學後，心裡還不曾受過一兩次傷。

自己傷害自己

但事情並不總是能怪到其他人頭上。在我們心中堆積的那些垃圾，有許多不同的來源。事實上，有時我們就是自己最大的敵人。

舉例來說，秘密可以摧毀人的心靈。我曾是許多人諮商的對象，這些人或許有不為人知的習慣，或許懷抱著來自過去的秘密。這些秘密讓他們在自己的親密關係中築起高牆。在許多情況中，他們的秘密令他們對最親近的人產生了不可理喻的懷疑，因為他們經常懷疑其他人做了令自己蒙羞的事。這些男女的心中充滿了罪惡感，而他們帶著這樣的罪惡感進入他們的親密關係之中。

恥辱感也會造成同樣的情況。恥辱感堆積在我們心中，最終會影響我們的言行。極端的例子是，一個成人會在事發多年之後，突然回想起童年時遭受過的虐待。任何曾經受過性虐待的人或是和受虐者結婚的人，都知道這些經驗對心靈造成的傷害。

這些例子只是其中的幾個少數而已，還有更多這樣的情形。我們稍後會討論到更常見的一些例子。

我想說的是，沒有一個成年人的心不曾留下幾道傷口。我們對這些傷痕的回應決定了內心的狀態。我們無法控制人們如何對待我們，也無法阻止他們說出傷人的言語，但是我們可以監控他們對我們的心靈所造成的影響。也許，正如我們將看到的，我們可以將這種傷害逆轉，並讓我們的心不再持續受到進一步的傷害。

住在牆內的人

我知道前面的最後幾行字看起來有點像是……初級到不行的心理諮商？別擔心，我不打算引導你重新找回你的內在小孩，你得花一筆錢去找專業的人做這件事。但也許你正在納悶：「這真的有那麼重要嗎？」嗯，它不重要——如果你住在一個荒島上，而且沒有打算跟任何人互動的話，那就不重要。不過要是真的這樣的話，那你內心的情形基本上也就無關緊要了。

但假如你跟我一樣，真心想要跟其他住在這個地球上的人維持關係，那麼是的，這就是個重要的課題。為什麼？因為心靈的問題始終是傷害人際關係的元凶。具體來說，心靈的問題會影響一個人開始和維持親密關係的能力。說到親密性，我指的不只是性關係，雖然性關係也包括在親密關係中。

心靈的問題使得親密關係難以維持，因為親密關係和「了解」與「被了解」有關。當人們的內心帶著來自過去的傷痕時，他們並不想真正被人了解。因為了解一個人意味著發現或知道關於他的事情。對一個有秘密的人來說，這個想法真是太可怕了。所以他們會築起圍牆，擺出防衛的姿態。

你可以靠近他們，但是你們之間的距離有個限度。如果你逼得太緊，或是你堅持進入他們的內心——那你要有心理準備，因為從他們嘴裡傾瀉出來的垃圾話語，背後總是連結著一顆受傷的心。但是他們會堅稱一**切都是你的錯**。

我們將要討論到四種寄生在我們內心的蟲子，牠們的宿主非常討厭照鏡子。他們已經照過鏡子了，而他們不喜歡鏡子中自己的模樣。每當你提醒他們時——無論是有意或無意——你就成了他們出氣的對象。到了最後，他們的問題會變成你的問題。有句俗話說得好：受傷的人會傷人。我們可以加上一句：**傷人者只會製造出更多的傷人者**。傷害將如此不斷地傳遞下去。

我的說法可能讓你覺得自己是個受害者，但也許**你**才是那個住在牆內的人。也許你才是那個人——你只允許人們在你感覺脆弱之前靠近你，當你一感覺到脆弱時，你就立刻撤退到自己覺得舒服、熟悉的地方了。也許你拿起這本書的原因只是希望找到一些答案，讓你知道為什麼你要這樣做。也可能是某個愛你的人留下了這本書給你，期待著你會讀它、運用它，並因而讓你們的友誼更上層樓，或者讓你們婚姻得以建立更深刻的聯繫，也或許你需要打破你和某個孩子之間的隔閡。

無論是哪一種情況，你都得做一些清掃整理的工作。我們都得做。如果你願意面對鏡子中的你，儘管這樣做是痛苦的，但你可能會找到你所需要的改變動機。這本書將提供你所需要的、讓改變成真的工具。

恢復生機的生命

我曾遇到過一些人，屬於那種極端的狀況。他們未曾解決的傷痛是如此深刻，以至於抹去了他們對神的信仰。他們不再相信有一個充滿人性的上帝存在——不是由於神學上的原因，而是因為他們無法放下發生在自己或所愛之人身上的事情。如果你曾聽過他們的故事，你就會明白。如果他們聽了你的故事，也許也會了解**你的**困境。生命有時會瞬間抽走我們信仰的一切支柱。

從過去的經驗中我學到了一件事，當我遇到某個真的對教會或神（或兩者）十分不滿的人，我很少和他們進行神學上的對話。神學不是讓這些人變成這樣的原因，十之八九是生命經驗或一系列的創傷在他們心中留下了扭曲的東西。而隨著時間過去，這個東西會侵蝕他們對神的信仰。耶穌的話再次浮現在我的腦海：「從人心裡出來的有種種惡念……」我們可以自由地填上後面的東西。

我也曾經多次看見，當人們開始處理內心的問題時，他們的信仰彷彿在一夜之間就恢復了生機。

喬就是這樣。我在星巴克遇見了喬，當時他正坐在一張塞滿東西的椅子上，戴著耳機，繃著一張臉，彷彿在說「誰都別靠近我」。如果他臉上的表情還不夠把人嚇退，喬可是個年紀約五十五歲的大塊頭。喬無論是面部表情或身體姿勢都流露出憤怒的氣息。所以當我看見他時，我迴避了目光的接觸，繼續做我自己的事。

當我正在等待我的豆奶那堤時，喬向我走過來並說：「你不會是安迪吧？」在那一刻，我不太確定我應不應該承認自己是安迪。看他臉上的表情，我有點不想承認，但是看見四周圍繞著一堆人正在看著即將發生的事，我就只好點頭了。

「有人給了我一張你的講道ＣＤ，」他說：「我一直在聽。但是我必須告訴你，我跟神中間有一個過不去的問題，跟教會也是，就這個問題來說。」

喬有過兩次艱難的離婚經驗。他第一任妻子孩提時曾經受到性侵害，因此再也無法面對相關問題。結婚三十年後，受虐的記憶浮出水面，侵蝕了他們的婚姻，最後他們之間以離婚告終。兩年後，他的前妻就突然去世了。喬後來再婚，但是三年後，這段婚姻也在心碎中離婚收場。喬形單影隻，已經戒了的酒癮再度捲土重來。從喬的角度看來，他看不見絲毫上帝存在的證據。

我不知道該說什麼才好，所以我問他是否願意讀本書。他說他願意。於是我告訴他去買楊腓力（Philip Yancey）的《無語問上帝》（*Disappointment with God*）來看看，但老實說我不認為他會這麼做。

之後，我沒想到會再遇見喬，但我卻遇到了。

就在幾週後，他坐在同一張星巴克的椅子上。這一次他沒戴耳機了。我記得他的臉，但忘了他的名字。他走到我面前，說：「我讀了那本書。」我一時還想不起他說的到底是哪本書。

談話進行到一半時，我才鼓起勇氣問他是否可以再次告知我他的大名。他似乎沒有覺得受到冒犯。他說那本書沒有幫上什麼忙，但確實是本好書。

所以我說：「喬，你願意跟人談一談嗎？」

他猶豫了。「我不認為那會有什麼好處。」他說。

我也跟他一樣不確定，但我知道喬需要幫助。我正好知道有一個人能夠幫上喬的忙。我拿到了喬的電話號碼，幫他和我們的一個牧師約翰‧伍德爾（John Woodall）牽上了線。約翰打電話給喬，約他出來喝了咖啡，並展開了一段友誼。有一段時間我再也沒見到喬。

三個月後，我坐在同一家星巴克，和從另一個教會來的學生牧師說話，這時喬走了進來。他一看見我就直接走向我的桌子。我注意到的第一件事就是他臉上掛著微笑。我注意到的第二件事是他身上帶著一本聖經、一個筆記本和一本有關婚姻的書。

「我下禮拜要再婚了！」他宣布。

「跟誰？」我問。

「蘇珊！」他喊道。蘇珊是他的前妻。「蘇珊和我要再婚了。約翰會主持婚禮。」

我從喬的眼神中可以看出有什麼不尋常的事發生了。事情也確實如此。和約翰見過幾次面後，喬終於有勇氣不再怨天尤人，而是認真地去傾聽自己內心的怒吼。他一直是個憤怒的人，也有憤怒的理由。但是就像許許多多的人一樣，喬也不知道該如何**處理自己的憤怒**。他那未解決的憤怒，將他的信仰侵蝕到幾乎不復存在的地步。

約翰幫助喬養成了我們稍後將談到的新習慣之一，而喬的信仰立刻恢復了生機。隨著他重拾信仰，他也就有了面對生命中其他問題的動力。喬整個人煥然一新，連蘇珊也注意到了，她開始問他問題。不久後，她就相信了基督。蘇珊和喬再婚的前一週，約翰在我們的聚會中為她施洗。

喬的故事讓我想起伊凡塞斯樂團（Evanescence）的曲子〈讓我重生〉（Bring Me to Life）的歌詞：

我的內心深處如此麻木，失去了靈魂；
我的心沉睡於寒冷之處，直到你找到它並領它回家。

就像許許多多的人一樣，喬的內心傷痕累累，使得他對上帝給予的生命變得麻木無感。值得讚美的是，喬找到了求助的勇氣。他在天上的父親聽見了便急忙回應，喬的生命迅速得到了更新。

PART.2

什麼是情緒債務

當我們的絕望超越了窘迫難堪的程度時，神的恩典就要降臨在我們身上了。

——英國動畫導演彼得·洛德（Peter Lord）

第 5 章 欠來欠去的債

高膽固醇、三酸甘油酯和高血壓都是危害人類心臟健康的知名敵人，但是還有另外四個心靈大敵，是醫生無法測量出來的，儘管它們可能具有毀滅性的害處。大型製藥公司拿它們束手無策，無論年齡長幼都難逃其毒手。

它們是心靈的四個大敵——四種阻塞生命流動的因子，堆積在我們的心靈，毒害我們的人際關係、信仰和品格。這些腐蝕性的力量從黑暗中獲取能量，秘密是它們的最大盟友。如果放任它們不管，它們的力量和影響力就會日漸坐大，就像是出了錯誤的實驗一樣，最終會走向嚴重的後果。

但是，只要這些敵人暴露在陽光下，就會失去它們的力量。就像蟑螂一聽到電燈開關的聲音就會四處逃竄一樣，這四個心靈大敵只要暴露在真理的光芒中，就會立時消散。

心靈的四個敵人就是：

- **罪惡感**
- **憤怒**
- **貪婪**
- **嫉妒**

你可能覺得它們沒有〈啟示錄〉（默示錄）中的四騎士（瘟疫、戰爭、饑荒和死亡）那麼可怕，但我向你保證，幾乎你所經歷過的每種衝突和人際關係創傷，都可以追溯到這四種心靈敵人的其中之一。

也許你正納悶，為什麼我的名單上沒有列出情慾（lust）？因為情慾不是一個需要解決的問題；情慾是一種需要管理的慾望，是神創造出來的慾望。

現在我們有個概念了。我們將在後面的章節中更具體地討論情慾，在現在這段時間，我們對於情慾只需要考慮一件事：在正確的關係中，情慾其實是件好事——事實擺在眼前，如果不是因為情慾，你現在也不會在這裡。

債的力量

這個名單上的四個敵人，每一個都是由一種人際動態所驅動、催生出來的，而正是這些人際動態，令這四個敵人如此難纏。了解這些動態，是讓這四個敵人再也沒有力量在你生命中作怪的第一步。

罪惡感、憤怒、貪婪、嫉妒——每一種都會產生一種債務與欠債者的人際動態，這種動態會導致一切人際關係的不平衡。如果你欠某人錢，或是反過來，是某人欠你錢，這種人際動態就會產生。無論你的人生中正在發生什麼事，你的債始終追著你不放。

身為一位牧師，我數不清有多少次看到這樣的人際動態在我的辦公室上演。我不只一次碰到，一對夫婦或是某位父母或孩子，傾吐著糾纏在他們內心深處的難處。但是當故事結束時，我的感覺就好像聽了一個沒有笑點的笑話一般，心裡只想說：「我實在不懂。」從他們剛才告訴我的故事裡，我不明白他們為什麼會在這裡找我傾訴，我也不知道他們在意的點在哪裡。

接著，經過一連串謹慎的旁敲側擊（隨著年紀漸長，有時候我會更直接一點），終於，隱藏的債務被掀開了：「她拿走了這個……他欠我那個……神不應該奪走……」而跟著他們走進房間的情緒債務，也被攤在陽光底下。所有描述他們處境、出了問題的人際動態也跟著全都說得通了。這就是情緒債務的力量。

儘管在一段人際關係中，一般來說是被虧欠的人佔上風，但是也有相反的情形。如果你曾經遇過有人欠你錢而且拒絕還錢，你就知道被欠錢的人也會有無力感和壓力，就像債務纏身的人一樣。一切都取決於牽入這樁債務的人的個性（和傲慢程度）。不管怎麼樣，事情都不會是平衡的。總是會有人佔上風、總是會有不平衡的情形。在一段失能的人際關係中，失衡的權力往往是災難的起因。

如果我們正在談的是一筆逾期的債務，也就是不可能短期間內還清的債務，那麼緊張情形就會加劇了。即使房間裡的每個人都努力保持心平氣和，將話題完全轉移到別處，但整個互動還是會籠罩在負面的氣氛中。

美國社會是個已經學會（或者至少它認為自己已經學會）與債務共存的社會。平均每個家庭都背負著數千美元的卡債。我們「先租後買」——我們租用、購買東西，不用拿出現金，不必支付利息，好幾個月都不用付款。我們學會活得好像我們已經拿到了全部的報酬一樣，然而我們同時卻又背負著龐大的債務。而儘管我們可以在財務上僥倖過關，但是在情感和人際關係上的債務，卻以驚人的速度累積著利息。失能與緊張的狀況每天都在惡化，直到債務的壓力沉重到我們背負不動為止。

只有兩種辦法可以解決這種緊張關係：不是有人要還清債務，就是有人要取消債務。只要債務沒被還清或一筆勾消，債就支配著整段人際關係。債務會過濾關係中的一切事物。

接下來，就讓我們仔細看看四大心靈敵人之首——罪惡感。

第6章 罪惡感：我虧欠你

你曾經留意過，有些「名詞」是如何變成「動詞」來使用的嗎？比如說，許多人上禮拜曾經「搴狗」過某個東西，而每天隨時隨地都要「賴」一下也是我們常有的習慣。由於這些名詞的影響力很大，以至於這些名詞漸漸變成了動詞，也因為這些名詞和它們所代表的行動高度相關，人們就習慣把它們當成動詞來使用。

「罪惡感」就是這樣的一個名詞。有多少次我們因罪惡感而採取行動？更重要的是，我們有多常以罪惡感為工具，讓其他人採取我們想要的行動？對一個韋氏辭典中僅定義為名詞的英文字，「罪惡感」多年來一直是我們採取許多行動與反應的原因。這就是因罪惡感而產生的**虧欠的力量**。

罪惡感說：「我虧欠你。」罪惡感來自於我們做了自己認為的虧心事，因而對不起別人。我們做的每件錯事都可以被描述為一種偷竊行為，如同我們等一下會看到的。我從你身上偷了東西，我就欠了你東西。因此一顆充滿罪惡感的心所發出的訊息是：「我有所虧欠！」

舉個例子，一個拋家棄子跟女人私奔的男人，他在做出這件事情的當下，並沒有意識到其實他從家裡每個人身上都偷了某樣東西。他偷走了妻子的第一次婚姻，奪走了她的未來、她的經濟保障、她身為妻子的聲譽。從孩子們的角度來看，這個男人偷走了他們的父親，以及父親對一個家庭所意味著的一切。他奪走了他們的聖誕節、家庭傳統、情感和經濟保障、和家人共進的每頓晚餐等等。

此刻，做出這些事的男人並不會考慮到他拿走了什麼，一開始他只會想到自己得到了什麼。但是當他的小女兒第一次問他為什麼不再愛媽媽時，他的心忽然不安起來。他感到了內疚。爸爸虧欠了大家。債務與欠債者的關係已經建立了。而每當你或我對其他人做了虧心事時，我們都會創造出同樣的人際動態。

我們甚至會用一些特殊術語來解決心中的罪惡感。我們會說：「我欠她一個道歉。」為什麼我們會「欠」人一個道歉？因為我們的心告訴我們，我們拿走了某樣東西，我們現在是某種意義上的欠債者了。也因此，唯一讓事情回到正軌的方式就是還債。即使我們唯一可以用來還債的東西是言語——例如「我很抱歉」——我們仍然覺得有責任要**支付某樣東西**給對方。

背負債務的影響

每個人都知道個人債務可能會帶來的災難。一個又一個壞決定接連而來，都是因為欠債過多而造成的。罪惡感所創造出的負債也同樣具有毀滅性。想想那個拋家棄子、對孩子有無比虧欠的男人吧。在這種處境下，大多數的男人都會試圖「彌補」他們。但是要彌補**什麼**？彌補他們缺失的東西。彌補他們被奪走的東西。

受到債務和欠債者關係的驅使，這個男人出於虧欠做出一系列的決定，這些決定導致問題不減反增，讓整個問題更加惡化。他也許試圖「用金錢購買愛」，結果是孩子變得過度物質主義，並對自我價值產生了腐敗的看法。為了「換取眼前的和平狀態」，許多父母沒有為孩子設定適當的界線，導致了孩子出現破壞性行為，而如果不是因為虧欠感，父母是不會容忍這些行為的。為借據付出代價的是孩子，而不是背著債務的那個人。

並不是只有破碎的家庭才會出現這種人際動態。我們見過多少夫妻為了金錢回報而追求事業，因此在家中製造出一種「我虧欠你」的局面。而對孩子的縱容和物質主義就是他們的還債方式。這一次又是孩子輸了。

但是，每個在這種處境下成長的孩子都知道，拿別的東西來取代那些被奪走的東西，那是不可能彌補的。彌補「爸爸沒陪伴孩子入睡」的唯一方式，就是爸爸回家陪伴孩子入睡。

不幸的是，這樣的彌補很少發生，部分原因是債務有其陰險的一面。你有沒有注意到，你很少看到那個欠你錢的人。他似乎從來不會自己來找你。如果你想見他，你得自己去找他。那就是債務的力量。人們不會找機會讓自己暴露在債主面前。

當人們因為糟糕的選擇而成了債務和欠債者關係中欠債的一方時，他們會找盡藉口逃避，而不是面對他們的債主。即使是內心深處十分在乎的人，也無法克服他們的行為所帶來的羞恥感和虧欠感。這一次，付代價的還是那個受到虧欠的人。

最大的代價

儘管「我虧欠你」的心態可能導致在關係上做出糟糕的決定，但是讓你付出最大代價的，可能是那些你沒有辦法做的決定。〈箴言〉二十二章七節說：「負債人是債主的奴隸。」換言之，權威屬於那些受到虧欠的人，而不是那些虧欠他人的人。從道德的層面來看，也是如此。

身為一個學生牧師，我曾和心碎的父親們坐在一起，他們失去了一切的道德權威，只能眼睜睜看著自己的孩子做出破壞性的決定，而無能為力。他們因為有負於人而失去了道德權威，這使得他們無法在孩子生命中的關鍵時刻，發揮身為一個父親所要有的影響力。一筆未償還的欠債所帶來的罪惡感，讓人們做出了更多破壞性的決定，影響了更多人的生命。

沒有什麼比償還債務更能讓一顆內疚的心解除罪惡感的了。人們試著想用工作、用服事、用奉獻、甚至用祈禱來趕跑罪惡感。但是再多的善行、社區服務、慈善捐款或週日禮拜，都無法減輕人的罪惡感。它是欠債。只有還清債務或是將它一筆勾消，才能讓一顆充滿內疚的心得到解脫。

第 7 章 憤怒：你虧欠我

罪惡感說：「我虧欠你。」憤怒則相反，它說：「你虧欠我。」當我們得不到想要的東西時，我們就會憤怒。這是一個很重要，但是你不會馬上認同的想法，所以我要再說一次：**憤怒是得不到我們想要的東西的結果**。我們**想要的**東西中，可能包括我們**應得的**。因為，誰不想要他們認為自己應得的東西呢？

你同意這個說法嗎？如果答案是「不」，請你再讀一遍。這件事很重要，而且不一定符合人們的直觀感受（我也是花了很長時間才了解到這件事）。也許我舉個例子可以幫助你理解。

唐納拼命加班，希望他的表現能夠說服老闆，讓他補上公司在東南部分公司的主管職缺。唐納和妻子卡拉住在中西部，他們喜歡中西部，但卡拉整個家族都住在東南部的亞特蘭大，而她正懷著他們的第一個孩子。對唐納而言，獲得這次的升遷，既有個人的好處也有職業上的好處。

事情看起來十拿九穩。東南分公司的主管按約定退休了，唐納的老闆向他保證他是這個職位的考慮人選。唐納和卡拉的親朋好友都為他們禱告，希望事情能如他們所願。接著，發生了一件很奇怪的事情。唐納的老闆走進唐納的辦公室，坐下，並宣布他已經要求公司派他到亞特蘭大的那個職位了。唐納簡直難以置信。他的老闆從來沒提過他想搬家。更糟的是，好幾個月來他一直鼓勵唐納爭取這個機會。

兩個禮拜後，公司宣布了消息：唐納的老闆已經獲選擔任東南分公司的主管。正如你可以想像的，唐納氣壞了。為什麼？因為他得不到他想要的。

「可是，等一下，」你抗議道：「這個說法不公平吧！他氣瘋了，是因為他覺得自己應該獲得這次的升遷。他生氣是因為他的老闆誤導他，讓他有了錯誤的期待，才會如此失望。」

你說的沒錯。唐納不認為這個職位是他應得的，但他認為他應該是老闆可以坦白說出想法的對象。重點是，他沒有得到任何一個他想要的東西。

我不是主張唐納不應該生氣。在這個情況下，他生氣似乎是應當的，但他的憤怒仍然歸納出一個事實，那就是他沒有得到他想要的東西。

回想一下你真的很生氣的時候吧。把整個情況歸結成一個簡單的想法，不就是你想要某個東西，但是卻沒有得到嗎？換句話說，你沒有得到你認為你應得的東西。這件事換個說法就是：有人虧欠你！

被奪走的東西

用這個想法來思考我在前面描述過的男人拋家棄子的情節，事情就會更清楚了。你可能認識一兩個人，他們的父親跟別的女人走了，這些人現在（或是曾經）有憤怒問題的可能性很大。這是可以預想的。他們被剝奪了某樣東西，他們的父親奪走了他們擁有一個「正常」家庭的機會，他偷走了一個完整的家庭。

一個經歷過那種處境的孩子（或成人）的確有生氣的權利——他或她遭小偷了，有人虧欠了他們。在這種情形下，小偷是他們的父親。但如果父親將責任推給母親，讓孩子們相信他離開是不得已的呢？好吧，那就是母親也虧欠他們！

給我看一個憤怒的人，我就會給你看一個受傷的人。我跟你保證，那個人之所以受傷，是因為他被拿走了某樣東西。有人虧欠了他某樣東西（如果不是別的，那就是一個道歉）。

我們都認識一些人，他們的憤怒可以用下面這些話來表達：「你奪走了我的聲譽」、「你偷走了我的家庭」、「你拿走了我生命中最美好的那些年」、「你偷走了我的第一次婚姻」、「你奪走了我的青春歲月」、「你奪走了我的純潔」、「你沒給我應得的加薪」、「你沒給我應得的嘗試機會」、「你沒給我應得的第二次機會」、「你在感情上虧欠了我」。

同樣，這裡的重點是：憤怒的根源是人們認為某樣東西被拿走了。有人虧欠了你某樣東西。於是債務與欠債者的關係便形成了。

憤怒的心

人們很容易相信，解決憤怒的唯一方法就是償還。畢竟，這不是解決金錢債務的唯一方法嗎？難道還有什麼別的選項嗎？即便有其他方法償還債務，那也是不公平的。人們虧欠的，就應該償還。將債務一筆勾消就是讓感到內疚的一方擺脫困境。他們需要償還，否則他們可能一轉身就又開始傷害其他人。

諷刺的是，在大多數情況下，人們認為的債務是永遠無法償還的。你的兒子二十五歲了，從他十二歲起你就不在他身邊，你要如何償還？這債是償還不了的。我一開始說這是一個**諷刺**，但事實上這是一個悲劇。說它是個悲劇，是因為人們花上了大半生的時間在等待，等待著償還不了的債務得到償還。糾正錯誤的時機早就過了，但憤怒依然在，而且在很多時候它還會加劇……甚至擴散。

會擴散的病毒

憤怒，就像我們將要討論的四種「病毒」一樣，不可能安分地待在原地。如果憤怒在我的心中升起，那麼不久後，我就會開始相信**每個人都虧欠我**。

這就是為什麼我們會形容某些男性和女性是「憤怒的人」——好像他們隨時都對所有人感到憤怒一樣。他們的舉手投足都表現出憤怒。他們的怒氣不是只針對冒犯他們的人，事實上，他們的怒氣**針對所有人**。他們是無差別掃射的報復者。你站的離他們越近，你不小心中彈的可能性就越大。當這種事情發生時，你會問自己：「我做了什麼要受到這樣的對待？」答案是什麼呢？你只是沒有讓他們稱心如意而已。只是這樣。

你曾經和一個**非常憤怒**的人打過交道嗎？你有沒有注意到不管你做什麼都無法取悅他們？即使你讓他們暢行無阻，但如果你不讓他們按照他們想要的方式得逞，你還是會傷心流淚。極端憤怒的人，早在你嘗試之前就已經決定你永遠不會做對一件事。他們不會說你做對了，否則他們就會失去繼續憤怒的藉口。而他們不會讓這種情形發生。

「這是有病！」你可能會這樣說。確實如此。憤怒就是一種心靈的病。內心充滿憤怒的人是生病的人，而病人自然就會表現出生病的行為。

了解內心的真相

不過，我可能又讓你誤會了。前面的描述方式好像把你當成了受害者——好像你只是**認識**一個心中充滿憤怒的人，而不是你**就是**那個憤怒的人。

如果你不確定自己到底是前者還是後者，只要問問和你最親近的人就會知道了。你可以說：「我正在讀這本書，它讓我有點好奇我是否有憤怒的問題。你覺得呢？」如果你知道他們會怎麼說（或是想怎麼說），這個問題就不用問了，你只要明白這一章是寫給你的，並且讀下去就行了。

如果你對他們的答案不太確定，但心裡一直有種揮之不去的懷疑，那就去問吧。當你的親友回答時，請你從兩個方面來傾聽。傾聽他們說什麼，還有更重要的，**傾聽你自己的感受**。他們的回答很可能會觸動你的心，而當我們的心被觸動時，我們最能意識到心裡面隱藏著的東西。

如果他們在回答之前有所遲疑，很可能是他們害怕告訴你真相。你也許會說：「他們有什麼好害怕的？」你何不問問他們這個問題？

然後，真正的考驗來了。如果當他們以小心翼翼的態度回答你時，你感到心裡好像有座火山在緩緩醞釀，那可能就有問題了。如果他們在說出自己的想法時，你覺得非打斷他們來為自己辯護不可（抱歉，我的意思是「為自己解釋」），這應該能夠告訴你一些事情。如果你發現自己只想走開甚至逃跑，你就必須要注意了。如果你發現自己因為朋友回答了你提出的問題而感到憤怒，那麼，沒錯，你的心中很可能堆積著憤怒。

但是不要沮喪。你剛得到了一個有用得不得了的發現。這個發現很可能會讓你朝著心靈健康的方向邁進。就像我們將在這本書中討論的四個內在敵人一樣，憤怒從秘密中得到力量，將秘密暴露在陽光下是痛苦的，但同時它的力量也是強大的。

老實說，如果你發現自己的內心充滿了憤怒，對於最愛你的那些人而言，這一點也不意外，他們早就知道了，而且很可能他們一直在祈禱，希望有一天你能覺醒，並且自己明白這件事。

你一定有個故事

如果因為這個常見的心靈疾病而受苦的人是你，我相信你有一個故事要說。也許你從未跟任何人分享過這個故事，但一定有個故事。一個讓人信服的故事，一個讓人一聽就不會懷疑你有正當理由憤怒的故事。

如果你從未傾吐過自己的故事，請在這裡暫停一分鐘，並問自己：「為什麼？」人們無意間成為你的憤怒發洩的對象，而你也意識到了這一點，你卻從來不曾說明這股憤怒的能量到底是源自何處。為什麼？

你對於分享自己故事躊躇再三，針對這點，我想提供一點想法。這又回到了我在上一章中談到的：這些心靈敵人禁不起暴露在陽光下。對你來說，講述你的故事就是將它揪到陽光底下。你直覺地知道將它公開會讓它失去力量，而這意味著你就失去了繼續憤怒的理由。此外，這整個過程都十分煎熬，你很容易選擇獨自舔舐傷口。

如果這是你的情況，你明白你只差說出一個故事就可以讓心靈恢復健康了嗎？你知道只要強迫自己將你的故事攤在陽光下，也許就能給你的憤怒致命一擊嗎？

我還記得，曾經和一個年齡是我兩倍的男人有過這樣一場對話。他覺得談話令他很不舒服，但是我覺得我要盡己所能地逼他說出他的故事。在這之前，人們多半只是認為他是個脾氣暴躁的人，從來不把他當回事。但我知道事情並不是那麼簡單，一定有某種東西不斷為他的憤怒與不滿提供燃料。他是絕對不會告訴我的，但他卻說了一件事，令我難以忘懷——這件事為他的拒絕敞開心扉提供了重要線索。他說：「我不想談它。而且那件事很蠢。」

很蠢？我有種感覺，很久以前，有個小東西入侵了他的心靈，並在那裡定居下來。一個愚蠢而微不足道的小東西，但是它潛伏在心靈的暗處。它在那裡秘密地開始生長。很快地，它的觸手就緊緊纏住了他的人格、行為舉止以及生活的整個樣貌。他也許聰明得足以明白，無論過去發生過什麼事，都不能當成他喜怒無常的正當理由。但現在他感到十分手足無措，所以他選擇了避而不談，將它塵封在心裡。而這樣做的結果就是持續餵養他的憤怒，賦予它力量。

所以，何不說說你的故事呢？你怕的是什麼？也許你知道把故事說出來會讓它失去一些力量。畢竟，如果有人聽到你的故事，他們可能會建議你放下它、讓它過去。而你知道他們是對的。但你的憤怒已經成為了你的一部分。你很習慣和它相處。一想到要放手讓它離開，你就感覺深受威脅。

當故事變成藉口

另一方面，你也許是那種一逮住機會就要訴說你的故事的人。你**想要**被人了解。你享受著被人同情的滋味。你已經學會，如果他們聽到你的悲慘遭遇，可能會對你寬容一點。你知道你的故事解釋了你為何會反應過度，使你說出你事後會後悔不已的話，或是一有機會就給人們苦頭吃，對那些表現不如你意的人大發雷霆。你的故事說明了你的脾氣、你的喜怒無常，和你那出人意表的反應是從哪裡來的。

但是讓我們誠實點。從你的角度，你的故事不僅**說明**了你的行為，還**證明**了它的正當性。這是個現成的藉口，解釋了你或其他人所不喜歡的你的一切。它是你的支柱。你知道你不該有這樣的行為和反應，但你對此卻不做任何改變，而是依賴著你的故事。畢竟，任何人如果有跟你一樣的成長背景——面對過你所面臨的艱難處境、親身經歷過你所承受的拒絕與忽視，像你一樣在年幼時就被拋棄——都有完全充分的理由（或說是**權力**）成為像你這樣的人。

這是事實。你有充分的理由成為這樣的人。但是你真的想要一直這樣下去嗎？每個內心充滿憤怒的人都需要思考這個問題：你打算讓那些你不喜歡的人——那些不再出現在你生命中的人，甚至是已經不在世上的人——控制你的生活多久？多少個小時？

拿出你的日曆，告訴我你要讓那些人控制你到幾月幾號。你覺得這可笑嗎？愚蠢嗎？可笑的是繼續讓那些傷害你最深的人影響你現在和過去的人際關係。那不只是愚蠢而已，而是心靈生病了。

奪回自由

瑪格麗特會同意這個說法的。她是個單親媽媽，花了二十二年的時間在尋找她的靈魂伴侶。但是她必須承認，問題出在她身上。總之，她就是不相信男人，而她有理由不相信。

當瑪格麗特還在念大學時，她因為飲食失調症而求助一位心理諮商師。一天下午，那名諮商師強暴了她。瑪格麗特感到既害怕又困惑，於是沒有告發這件事。接下來她發現她懷孕了。她把發生的事情告訴了她的父母，這導致了接下來的控訴。雙方互相質疑，事情最後是不了了之。

九個月後，瑪格麗特生下了一個健康的女孩。接著出乎所有人的意料之外，這個勇敢的年輕女學生輟學，選擇了單親媽媽的生活。正如你可以想像的，小莎拉為瑪格麗特帶來了極大的快樂，但她的存在也時時提醒著她那個決定命運的午後所發生的事。

當我遇見瑪格麗特時，她四十二歲。我剛做了一場演講，主題是未解決的憤怒所產生的影響。她等到所有人都離開演講的地方後才走過來，雙眼含淚，臉上卻帶著微笑，她說：「我一定要跟你說聲謝謝。」

「謝什麼？」我說。

「演講進行到一半時，我忽然明白了，過去二十二年，我一直讓一個傷害我最深、我再也不願意見到的男人摧毀了我和男性之間的所有關係。我也了解到，我把發生在我身上的事情當作我行為的藉口，但最終，必須為那些行為負責任的人仍然是我。今天，這一切都結束了。」

她向我說了她的故事。當瑪格麗特說完她的故事時，她深深地吸了一口氣，又慢慢地吐了出來。「不管你相不相信，這些是喜悅的淚水，」她說：「我自由了。」

接著她擁抱了我，之後就離開了。

瑪格麗特是怎麼得到自由的？我們稍後會詳細討論。關鍵是她建立了一個許多憤怒的人不曾建立的連結：瑪格麗特發現，她那些「合理正當」的感受讓那個男人控制了她，她內心的憤怒使得一個她多年未見的男人影響了她的生活。那個男人對她所做的事讓她產生了憤怒，而這個憤怒悄悄地進入了她此後的每一段關係。當她意識到發生了什麼事時，也就是當她發現她的憤怒在暗中控制了她時，瑪格麗特下定決心要解決它。畢竟，為什麼要把那種力量給予傷害她最深的人呢？

戒掉你的藉口

回到我剛才的問題上。你要容許那些傷害過你的人控制你的生活多久？再一年？人生的再一章？多長時間？這個問題之所以如此令人沮喪，原因是我們相信自己對這件事毫無選擇的餘地。

雖然已發生的事無法撤銷，這是事實，但是你毋須讓過去控制你的未來，這也是事實。在接下來的內容裡，我將詳細討論如何從你的心中驅除憤怒，但是，除非你願意做瑪格麗特做過的那件事，否則這些訊息對你而言是不會有幫助的。你得先告訴自己你**可以**自由，然後才能戒掉把你的故事當成藉口的習慣。

麻煩在於，好的藉口總是讓人很難說戒就戒，我們總是不厭其煩地使用這些藉口。你得下定決心甩掉你的拐杖才行。記住，**你的故事說明了你的行為，但它不能成為藉口**。在你願意真心接受這個簡單但惱人的事實之前，你永遠無法將憤怒趕出隱藏在你心中的巢穴。此外，以一再重述你的故事來證明你的行為是正當的，就是持續不斷地給那些傷害你的人提供力量。為什麼要讓他們對你的生活擁有這樣的影響力？

令人意外的結局

確實有一種適合的方式可以使用你的故事。不是把它當成藉口，而是作為上帝大能的見證，見證祂將你從過去解放出來的奇妙能力。當你允許祂進入你心中隱藏憤怒的那個地方時，就會有一些令人驚奇的事情發生。你的故事不再說明你的行為，它將成為你行為的鮮明對比。

你或許認識這樣的一個人，他看起來似乎擁有了一切，帶著自信、優雅與一種安靜的力量，在這個世界上穿梭行走。你以為這樣的人一定擁有毫無汙點的過去，在健康的家庭環境中成長，人生的路上從未遇過任何艱難險阻。接著你聽到了他或她的故事，那簡直令人不敢相信。你會想：「一個在這樣痛苦的環境中長大的人，怎麼會變得如此、如此……完美？」

當一個人不再將自己的故事當作他憤怒的正當理由，而是允許上帝為他動一場心靈手術時，就會發生這樣的奇蹟。

必須放棄的東西

也許你把你的憤怒當成是一個資產、一個盟友。你已經學會在某些情況下你可以利用它**達到你的目的**——或者你偏好的說法是，把事情**辦好**。你認為它讓你成為一個更好的領導者、更有效率的紀律維持者、更成功的教練。確實，你的憤怒也許有時會給你能量，當你駕馭得宜並且適當地投注於某個地方時，在有些情況下它可以是一個有力的盟友。但它並不會使你更有影響力或者更成功，它絕對不會讓你變得更強大。事實上，那些被迫與你互動的人將它當成一個弱點。一種心靈的病。

就像罪惡感，憤怒使我們和其他人產生隔閡。我們往往不願承認，我們憤怒的流彈傷及了那些和我們最親近的人、我們所愛的人，他們不僅無辜而且一頭霧水，根本不知道是什麼在他們面前引爆了我們的怒火。

充滿憤怒的心是一顆希望得到償還的心。不幸的是，在大多數情況下，被迫償還的人，是我們毫無防備的好友與家人。

第 8 章
貪婪：我虧欠自己

罪惡感說：「我虧欠你。」憤怒說：「你虧欠我。」我們名單上第三個險惡的心靈大敵是貪婪，貪婪說：「我虧欠了我自己。」

總結來說，貪婪的人認為他所得到的一切好東西都是他應得的，不只是這樣，他還認為他**可能得到**的每一樣好東西也都是他應得的。他們常掛在嘴邊的話是：「這些東西本來就該是我的，它們是我努力才得到的，所以我以後還要努力得到更多東西。」結果就是，你很難叫一個貪婪的人放棄金錢或物質，因為那是「屬於他們的東西」，而且他們內心對於缺乏或失去有著深刻的恐懼。

就像內心憤怒的男女，貪婪的人往往也有個故事要說。和憤怒的人一樣，這個故事解釋了他們的貪婪習性是從哪裡來的。比方說，在一個經濟毫無保障的家庭中成長，可以解釋為什麼一個人會緊緊抓住他手裡的錢，無論多少。同樣地，我們也可以理解為什麼曾經失去一切的人，會執著於他們現在所擁有的。

但是，相較於另外三個心靈敵人，貪婪的性質有點不同，因為貪婪會偽裝自己。事實上，當你看到這一章時，心裡可能馬上產生了一個想法：「我沒有這方面的困擾。」你甚至可能想要跳過這一章，直接看後面。畢竟，也許你偶爾會不定時地爆發怒氣，也可能內心隱藏著一些讓你感到內疚的秘密，但你肯定不是個貪婪的人，對吧？

隱藏在美德背後

仔細回想起來，我從未遇過一個貪婪的人。我的意思是，我過去所碰到的人當中，從來沒有一個人（無論男女）會看著我的眼睛承認：「我飽受貪婪的困擾。」他們會說：「對於金錢（或任何物品），我一直都很小心。」

事實上，我們在生活中很難發現貪婪的存在。不像憤怒或罪惡感，貪婪隱藏在幾種美德的背後。貪婪的人善於儲蓄，而儲蓄是件好事。貪婪的人往往做事很有計畫，做事有計畫是件好事。貪婪的人希望確保自己在財務方面有一個安穩的未來，那也是件好事，不是嗎？

貪婪很容易隱藏，但是我們週遭的人都知道。儘管我們很難透過自我反省發現貪婪的蹤跡，但要在周遭的人身上看見貪婪的存在，卻一點都不難。事實上，我們幾乎可以立刻認出其他人身上的貪婪：

- 貪婪的人說的很多，十分憂慮金錢的事。
- 貪婪的人不是樂善好施者。
- 貪婪的人不樂於分享。
- 貪婪的人是可憐的輸家。
- 貪婪的人就連一點錢也要斤斤計較。
- 貪婪的人說話給人一種他的錢很夠用的感覺。
- 貪婪的人會在他們周遭創造出一種保密的文化。
- 貪婪的人不會讓你忘記他們為你所做的一切。
- 貪婪的人從不滿足於他們所擁有的。
- 貪婪的人試圖用金錢控制人們。

無論是什麼樣的社經地位，都會有貪婪的人。我遇過貪婪的窮人，也遇過貪婪的有錢人。貪婪不是金錢的問題，而是**心靈**的毛病。金錢收益不會讓貪婪的人變得比較不貪婪。金錢得失不會改變什麼，因為貪婪是出自內心。

貪婪的本質

這對你來說是個問題嗎？你很難把錢給出去嗎？你是否很快就會找到藉口？你是否會問一些問題，想要讓你看起來像是一個謹慎的管家，但事實上你只是在找藉口不把錢給出去而已？當你真的給錢時，你會覺得拿到錢的人欠了你什麼嗎？換句話說，你的禮物是否總是有附加條件？

如果這是你心靈上的一個問題，那我跟你保證，你的家人會覺得他們跟你的所有物之間是競爭關係。有時他們會覺得你看重你的所有物勝於看重他們。他們可能也會覺得，要從你身上得到一些金錢的支持（不論多寡），都得用求的才能得到。他們看得見、也感覺得到你給他們的財物支持是有附加條件的，他們也討厭和你提起錢的事情。這樣的情形聽起來是不是很熟悉？是不是讓你想起最近的某一場談話？

想想耶穌對人們發出的警告：「你們要謹慎自守，免去一切的貪心，因為人的生命不在乎家道豐富。」（路加福音 12:15）

要謹慎自守？為什麼？因為在我們討論到的四種心靈疾病中，貪婪是最狡猾的。

特別留意這句話：「人的生命不在乎家道豐富。」因為對貪婪的人而言，財富就是生命。他們相信這個謊言：「我的東西就是我的生命。」所以損害、索取或是破壞他們的東西，就等同於人身威脅了。他們的東西就是**他們這個人的延伸**。

我比我願意承認的還要更了解這一點。事實上，我還清楚地記得我第一次面對我的貪婪時的情景。那時我二十七歲，在我父親的教會擔任學生牧師。我賺的錢不多，但如果有人指責我貪婪，我可是會大笑的。

那件事發生在夏令營期間。我負責帶領那個星期的敬拜活動，因此必須帶著吉他參加營隊。我不想要那群青少年亂碰我那把珍貴的吉他，所以我帶了兩把，一把放在舞台上，另一把（我承認，就是如同我這個人的延伸的那一把）就鎖在旁邊的琴盒裡。每當有學生問我能不能彈一下我的吉他時，我會說：「當然囉！」然後我會指一指我留在舞台上的那把吉他。真是再好不過的安排了。

我認為這是一種很好的管理方式，我自認是在保護上帝讓我管理的資產。然而，那個星期過了大約一半時，有個孩子走過來問我，他能不能彈一下我那把好吉他。我嚇了一大跳——我被他們抓包了。我還記得我站在那裡，努力想擠出一個能夠說服他不要動那把吉他的理由。我考慮過說謊，告訴他我把鑰匙留在我住的小屋了（你知道，貪婪是會讓你做出那種事的），但是我知道我在營隊的目的是為了教孩子不要撒謊……於是我嚥了口口水，臉上擠出一抹微笑，說：「當然囉。」

我小心地從琴盒裡將我珍貴的吉他拿出來，小心翼翼地交給了那個長得瘦瘦長長的國中生。他坐下來開始彈奏時，我就站在他的旁邊。過了幾分鐘，我意識到我看起來一定很蠢，於是我走到了房間的另一個角落，假裝在忙，但其實我的眼睛一直盯著那位吉他大師和我的那把好吉他。

此時，也許是命運或上帝捉弄，又或者是惡運臨頭，有人忽然衝進房間裡，喊著要孩子們快點出去做某件事情。正在彈奏的孩子跳了起來，將我的吉他靠在一根欄杆上，匆匆忙忙地向門口奔去。當他跳下舞台階梯時，我既驚恐又無助地看著我的好吉他緩緩地向旁邊倒下，最後砸在舞台地板上。當我拿起吉他時，木頭上已經有一道凹痕和一個約一英寸長的刮痕。我完美的吉他再也不完美了。

我氣得想要掐死那孩子。此時，一個想法忽然出現在我的腦海中：我對這把吉他狀況的關切，遠遠勝過我對那孩子靈魂的關切。我的心態暴露了，我對自己深感羞愧。我不只是「小心」而已，我是犯了貪婪的毛病。我看重我的所有物勝於看重一個人。這就是貪婪的本質。

這個故事的真正諷刺之處，就是那個讓我的吉他摔到地上的孩子，長大後成了美國最受歡迎的敬拜領袖之一，不只如此，他還寫了當今最流行的一些敬拜歌曲。他的名字是陶德．菲爾茲（Todd Fields）。

貪婪者的恐懼

恐懼是貪婪背後的驅動力量。恐懼為貪婪提供了動力。為什麼我不想要任何人玩我的好吉他？因為我擔心之後會發生在它身上的事。貪婪是由無盡的假設後果所支撐的：如果它被刮傷了怎麼辦？如果它被弄丟了怎麼辦？如果還不夠怎麼辦？如果我得不到公平的報酬怎麼辦？如果她得到更多怎麼辦？如果經濟崩潰怎麼辦？

內心貪婪的人擔憂上帝無法照顧他們，也擔心上帝不會照顧他們。更適當的說法是，他們害怕上帝不會**照著他們想要的方式**來照顧他們。他們猜測上帝樂意做的事和他們希望上帝做的事，這兩者間的差距成了他們主要的焦慮來源。因此貪婪者的肩上背負著重擔，他們渴望著安全感，而保有安全感所需要的一切，他們必須自己取得、自己維持、自己提供。

但問題在於：永遠都不夠。貪婪的人擁有的東西永遠都不足以滿足他們的需要，也無法讓他們在可能會發生什麼意外的情況下感到安全。總是有另一種令人擔心的假設，驅使著他們去獲取更多的東西。他們的胃口無法得到滿足。

所以他們永遠不會覺得自己擁有的夠多了，而這正是他們所恐懼的。因此，貪婪的人很少能夠與他人和平相處，也從來無法與自己和平相處。貪婪最終會在各個層面上使他們的人際關係窒息，因為一些使用壽命不過幾年的東西而損害了長期的人際關係。我之前提到的吉他後來怎樣了呢？我甚至不再擁有那把吉他了。我最後把它送給了一個吉他被偷的大學生。

也許我終究是學到了一點東西。

第 9 章 嫉妒：上帝虧欠我

正如我們所看到的，前面討論的每個心靈敵人，都因為「誰虧欠了誰某樣東西」的想法而得到能量。罪惡感說「我虧欠你」，而「你虧欠我」的想法讓憤怒燃燒得更加旺盛，貪婪之所以無法止息是因為有人認為他「虧欠了自己」。第四種心靈問題也沒有什麼不同。嫉妒說：「上帝虧欠我。」

當我們談到嫉妒或羨慕時，立刻就會想到別人擁有而我們卻缺少的東西——外貌、技巧、機會、健康、身高、遺產等等。我們認定問題是跟「擁有我們所缺乏之物的那個人」有關。

讓我們面對現實吧，上帝本來可以為我們解決所有的問題，無論祂給了你鄰居什麼，祂也可以給你。而且，你也不是真的想要你鄰居的那輛車，你想要的是一輛像它那樣、但卻屬於你的車子。你其實一點也不介意上帝給了他一輛車。你在意的點是，當上帝在派發新車時，卻跳過了你！

這種情況對女性來說也是一樣的。妳的姐妹沒辦法輕鬆穿進小號牛仔褲，這妳可能不會有意見；但如果穿不進牛仔褲的人是妳，那問題就來了。妳發現自己會在她不注意時盯著她瞧，心裡想著：「噢，她看起來還不錯嘛……真討厭。」妳知道妳不該有這種感覺，妳試著不讓這種感覺破壞了妳們的關係。妳可能甚至會告訴妳的姐妹她看起來有多美。但是那種感覺始終不曾消失。它不斷提醒妳她擁有某樣妳沒有的東西，或是妳有某樣她沒有的東西……

重點在於，這裡存在著不公平，而上帝原本是可以補救的。

讓我們再次面對現實吧，大部分人某種程度上都相信，如果上帝像照顧我們認識的某些人一樣好好地照顧我們，我們就可以過著更富足的生活。

如果祂不是將你的身材造得這麼肥胖，也許你對穿上泳衣這件事的感覺會好一點。如果祂沒有在你還那麼年輕時就讓你受到禿頭的打擊，你糟糕的自尊可能就不會成為你實現自我的阻礙。如果青少年時的你可以像你的某些同學一樣有魅力，你在週末有約會的機會就會增加三倍了。如果你可以有過人的體育天賦，你在高中或大學時就會有傑出的運動表現了，那肯定會改變你人生的軌道。

如果上帝讓你更聰明，你就會在升學考試中有更好的表現，並且可以進入法學院學習。如果祂給你更好的溝通技巧，你現在可能已經躋身最高管理層級了。如果你是個更有活力的公開演說家，你也許已經有機會帶領一個更大的教會了。

但上帝是怎麼想的呢？

該怪誰？

如果你相信有神，你的嫉妒其實是你和上帝之間的問題。上帝為某個人做的事，祂也可以為你做，但是因為一些理由，祂沒有這麼做。你的問題並不在於那個擁有你欠缺之物的人。你是和你的創造者之間有了問題。你覺得**祂虧欠了你**。

然而，在我們與上帝的互動中，嫉妒很少浮上檯面。如果我們意識到這種情緒存在，可能就會因嫉妒的罪而向神懺悔。但即使是這樣，我們還是認為自己的嫉妒是和朋友、同事或鄰居之間的問題。我們不認為它是我們怨恨上帝的表現。但事實就是如此。

相反地，嫉妒卻在我們與他人的互動中表露無遺。諷刺的是，我們所嫉妒的人對此無能為力，他無法改善這種情況。誰有力量改正你和那些擁有你想要之物的人之間的不公平？你那個運動健將的兄弟可以讓你成為更好的運動員嗎？你最要好的朋友可以讓你變得瘦一點嗎？如果你的鄰居買給你一輛跟他那輛很像的車，這樣真的有幫助嗎？那只會讓事情更糟而已。

卑劣的滿足感

即使你已經了解，但「上帝欠了你什麼」的想法可能還是會讓你感到非常荒謬，就跟我一開始聽到這種想法時的感覺一樣。上帝怎麼可能欠我什麼嘛。身為一個基督徒，我一直相信應該是我欠祂一切才對。

也許這就是為什麼我們的嫉妒很容易被導到錯誤的方向，也是為什麼我們很難克服它的原因。只要我欺騙自己，讓自己相信問題出在我那有錢的叔叔或苗條的嫂嫂身上，我就永遠無法找到問題的根源了，這種緊張關係將不可能得到解決——更精確地說，是幾乎不可能解決。

但是，有一樣東西可以緩解我們心頭的嫉妒，那就是當我羨慕的人遭受到某種挫折時，我們感覺就好多了。要讓窮人感覺好一點，富人**唯**一能做的一件事就是失去他所擁有的。我們沒有人願意承認這一點，但是看著你羨慕的人失去你想要擁有的某樣東西，是會讓人感到滿足的。我們也許憎恨內心深處因為他人損失而暗自歡喜的那個東西，但是它仍然存在著。

誠實一點。你是否曾因為某個表現比你好的人，在財務上遭受了小小挫折而高興不已？當你注意到你的小姑今年的身材看上去不如去年時，你是否感覺到一絲滿足？你鄰居那輛車的車門上出現刮傷，是否曾讓你感到小小的開心？

沒有嗎？那很好，我也沒有。但我聽過有人和這樣的念頭奮力對抗。

這裡談到的四種心靈入侵者中，嫉妒比其他任何一種都透露出更多我們內心的真實狀況。我有正當的理由掩飾我的過去。我可以為我的憤怒找到一個令人信服的說法。我的貪婪很容易在善於管理和審慎明智的美德背後找到掩護。但是，當你認識的人（甚至是你所愛的人）遭遇到挫折或損失時，要如何證明你那些有罪的滿足感是正當的？

但是，在你覺察到之前，在你沒有刻意地意識到它時，它就存在了——那種卑劣的滿足感。

它是從哪裡來的呢？它直接出自內心。

四個大敵現形

你羨慕的那些人對你的感覺無能為力的原因是，**他們並不是你的問題所在**。他們的損失、挫折、失敗以及身上多出來的體重，只能暫時緩解你的痛苦，而不能將它連根拔除。因為不是他們，也會是其他人。永遠會有比你更有錢、更苗條、更有才華、更有人脈，或者就是比你更幸運的人出現。

在你找到處理嫉妒心的方法之前，你都無法遵循基督教義中最基本、最重要的原則：彼此相愛。

只要嫉妒不受控制，你所有的人際關係就不會是安全的。我見過妻子嫉妒自己的丈夫，甚至到了無法在公開場合說丈夫任何好話的地步。我曾見過父親嫉妒自己的兒子，甚至到了怎樣都無法對兒子說出一句好話的地步。運動團隊、企業團隊、牧師團隊——沒有一個地方可以免於嫉妒的影響。

妒羨是一種強大的力量，可以對任何關係或組織造成無可彌補的損害。既諷刺又可悲的是，讓天秤恢復平衡、甚至稍微傾向另一個人，都無法補救這樣的損害，因為事實是有人對上帝感到不滿，但是在大多數情況下，他們甚至不知道這件事。

現在它們到齊了：罪惡感、憤怒、貪婪、嫉妒。你在自己內心發現症狀了嗎？希望沒有，但是我猜你在某處看到了自己。

就像是人們常說的：「看見問題，就已經解決問題的一半了。」是的，容易的那一半。現在的問題是，我們該如何應對它——或者更糟的是，該如何應對**它們**？我們會像許多人應對自身的膽固醇和高血壓一樣，忽視那些攻擊我們心靈的敵人嗎？還是會尋找治療的方法？

在展開這趟尋找治療方法的旅程時，我想要向你們提出一個挑戰：不要耍任何的創意花招。你知道會計會玩一些技巧來隱藏公司的債務，讓事情看起來比實際情況更好。你虧欠誰？你認為誰虧欠你？為了找回一顆健康、快樂的心，你已經做好心理準備，要償還債務、接受別人償還的欠債，或是將債務一筆勾消了嗎？

PART.3

真正的改變

促進成長與轉變的最強大因子，是比任何技術都更基本的東西，那就是心靈的改變。

——臨床心理學家約翰．威爾伍德（John Welwood）

第10章 快樂的習慣

在繼續我們的探討之前，首先要消除一個關於改變的普遍迷思。我不確定這個迷思是從哪裡開始的，但是許多人都相信這種改變生命的方法。坦白說，這方法會讓我懷疑上帝是否真有興趣改變任何事情，更別說是改變我們的心了。

為了讓你更清楚我的意思，我拿布萊恩這個例子來說明。布萊恩一直都有晚上無法入睡的問題。他有胃酸逆流的毛病，最近他還注意到當他爬樓梯時，呼吸比平常更為困難。所以布萊恩預約去看一位心臟科醫師。

普萊信醫師為布萊恩進行了一系列的檢查，包括讓布萊恩在跑步機上氣喘噓噓地跑了三分鐘。一星期後，布萊恩再度出現在這位好醫師的診斷室裡，等待檢查的結果。普萊信醫師臉上的表情證實了布萊恩的懷疑：他的身體有哪裡不對勁。

普萊信醫師嚴肅地看了一眼檢查報告，說：「如果說嚴重性從一到十分，十分是最壞的情況，你現在是七分。你現在還不需要動手術，但是如果你不立即改變生活方式，你很快就會需要手術的。」

「像是改變什麼？」布萊恩問，他有點擔心。

醫生從病歷版中抽出一張紙，遞給布萊恩。「這是一週三天的運動鍛鍊計劃，」他說道：「一旦你的身體習慣了這種程度的活動，我們就會往上調整一級。」

「但我想你沒搞清楚，」布萊恩抱怨道：「我不能做這些。我心臟不好！是你自己說的。等我心臟好一點就可以了，我不介意做點運動。但你不能期待我在現在的狀況下做這些運動。」

普萊信醫生看起來有點困惑，所以布萊恩繼續說下去：「看，這裡說你希望我每週走路三次，每次三十分鐘。你知道我會有多累嗎？我會汗流浹背！還有，如果我做這些伸展運動，我的身體會酸痛難忍好幾天。醫生，我心臟不好啊。我沒辦法做這些事情。聽著，先治好我的心臟吧，然後我會認真考慮這些運動鍛鍊的。」

「布萊恩，我正在試著治好你的心臟。這就是治好它的方式：鍛鍊你的心臟。這些身體上的不適也是治療的一部分。先令你的肌肉疲憊不堪再讓它休息，可以達到強化肌肉的效果。要治好你的心臟，我們就得週期性地令它疲乏，然後休息。是的，你會汗流浹背，你也會肌肉酸痛。在這過程中，你不會總是感覺到美好的一面，但這就是通往康復的道路。」

布萊恩只是搖搖頭。「聽著，醫生，讓我跟你說實話吧。我的妻子多年來一直試著要我去運動，所以大約一年前我終於禁不起她的要求讓步了，我嘗試了她的跑步機。我還沒跑到五分鐘就覺得自己快死掉了。我告訴你，這行不通。我已經嘗試過做運動了，但運動讓我很累。還有一件事，你知道我穿彈性短褲的樣子有多蠢嗎？好像穿著褲襪一樣。現在，除非我體重減輕了點，我才會去追求健康活力的生活，在那之前就別說了。所以，如果你能夠做點什麼來強化我的心臟，我會很樂於遵照您的建議的。畢竟您才是專家，我不是。」

此時，普萊信醫生打開了診斷室的門並說：「布萊恩，你真是個傻瓜。」

每個人都有傻的時候

我相信大多數醫生不會真的說出那樣的話，但我肯定他們不時就想要這麼說。在這個特殊案例裡，醫生是對的——布萊恩是個傻瓜。不是等到你的心臟健康了才去運動，而是要運動才能讓你的心臟恢復並且保持健康。

我們的另一顆心也是如此。但許多人卻試圖用跟布萊恩一樣的思路跟上帝講道理，所以我們得到的結果是一樣的。

世界各地的教堂中都有人們坐在一起並唱著：「改變我的心，喔神哪，讓它永遠常新；改變我的心，喔神哪，讓我像祢一樣。」我希望事情能如此簡單。我希望改變一顆心就像唱歌或是祈禱一樣簡單。有時候也許可以這樣，但在大多數情況下都不是。改變一顆心需要努力。

有時我們需要承受一些痛苦，因為心的改變是形成一些新的習慣，是一些心靈操練的結果。但大多數人只願意唱唱歌，而不願意辛苦地去做。就像布萊恩，我們想要的是奇蹟式療法，一次快速的修復。

但是你不能指望一夜之間改掉一個你多年養成的壞習慣。改掉一個習慣需要我們培養另一個習慣。你可以每天為一顆慷慨的心祈禱，但是除非你開始朝著這個方向鍛鍊你的心，否則不會有任何事情改變。

想要改變內心，要從養成新的習慣開始，不然這就像是祈禱說：「神哪，請讓我的胃口變小一點，這樣我就會吃少一點了。」如果你想要減少你的食慾，你要做的是進行減少食慾的練習。

我這人就是這樣

但是，人很難完全戒掉自己的舊習慣。罪惡感、憤怒、貪婪、嫉妒——全都是養成的習慣。

如果我們不去節制、控制這些習慣，隨著時間經過，這些習慣就會漸漸定義我們這個人。這些混亂失調的情況會成為我們的一部分，以至於我們不再將它們看作是需要解決的問題，反而將這些有害的習慣當成自己性格的固有特徵。

「我這人就是這樣。」

「我家裡的男人以脾氣暴躁出名。」

「我能說什麼呢？我就是個情緒化的女孩。」

「我是個節儉的人。」

幾年前，我曾經有個朋友，名叫拉爾夫，他體重超重的情形相當嚴重。每當談到體重的話題，他總是笑著說：「我真的很喜歡吃東西。」那就是他的藉口。拉爾夫用這個藉口已經很久，他真的相信了這句話。從我朋友的角度來看，他並不是因為缺乏自我控制而肥胖；他只是天生就比一般人更喜歡享受美食而已。肥胖是他這個人的一部分，他的體型與他需要改變的習慣無關。至少他是這麼想的。

但是，經歷了兩次心臟病發以及後來的幾次繞道手術後，我的朋友終於放棄他的明顯偽裝並面對現實。該是拉爾夫改掉一些造成生命威脅的習慣，擁抱一種完全不同的飲食及鍛鍊方式的時候了。我們每個人身上都有一點拉爾夫的影子。我們喜歡將自己的壞習慣一笑置之，把它當成一種性格特徵。但是那無法改變一個事實：它們只是習慣——是需要改掉的有害習慣。

於是我們一邊為需要改變的那些事情找藉口，一邊祈禱改變發生。我們希望有天早上醒來時，能有一顆慷慨的心，不再有罪惡感與憤怒。但是當我們需要下苦功，做那些為了帶來改變所需要做的練習時，我們的內心卻有某種東西在抗拒：如果上帝想要一夜之間改變我，那很好，我很歡迎。但如果你要我自己努力去改變，那你是在試著讓我變成另一個人。

現在就是改變的時候

在接下來的章節中，我們將談到四種具體的精神練習，如果你將它們變成習慣，它們將有效阻止心靈敵人的運作。就像身體鍛鍊一樣，執行這套鍛鍊計畫往往需要一種絕對的紀律。它是意志的行為——超越感覺的意志行為。就像身體鍛鍊一樣，這些內在「伸展運動」總是有益的，即便它們並不是特別令人愉快。

你越是長時間生活在罪惡感中，緊抓住憤怒以及屬於你的東西不放，或是拿自己和別人比較，你就越難實行這四種美德。你越是長時間忽視你的內心，就越難使它恢復健康。但是最終一切的努力都是值得的。

我從來沒見過一個身體健康的人會後悔自己努力保持健康，我也從來沒遇過一個擁有良好習慣的人會後悔自己保持好習慣。但是我們都認識一些人，為了他們從未澈底改掉的壞習慣而付出代價。

你也許認識一些持續實行我們將要討論的四個好習慣的人。你可能不曾真正見到他們進行這些練習，但是他們的生活中有某種東西，向你透露了他們心靈的健康狀況。簡單地說，他們很快樂。真正的快樂。和他們相處也是一種快樂。

快樂是種習慣

當我剛開始寫這本書時，我想把書名叫做《為什麼快樂的人始終快樂》。我們進入這個世界是為了追求幸福。身為一位牧師，我很願意相信人們活著是為了追求真理，但是我們也都希望能夠快樂。大多數人都認為我們可以從某個人或某樣東西身上榨取出快樂，但是這種辦法從來都行不通。尤其是對我們榨取快樂的對象而言。

問問周遭的人，你會發現，你所認識最快樂的人，就是那些掌握了這四種習慣的人。儘管它們是後天習得的行為，但快樂的人似乎本能地就會做出這些行為。我們往往認為：「他／她本來就是那麼地親切、善良、謙遜。」但是事情很少是如此順理成章，這通常是因為他或她成長在一個教導這四種習慣的環境中，隨著時間經過，這些習慣形塑了他或她的性格和關係模式。

我們總是相信快樂僅僅是性情的問題，或是環境影響的產物。但是請想一想。你是不是認識一些人，處在並不令人羨慕的環境中，卻仍能真正地快樂？另一方面，你可能也認識一些人，擁有的東西多到不知道該拿來做什麼，卻從未滿足。為什麼？因為快樂並不是財富的同義詞，快樂也不等同於美貌、婚姻、獨身，或任何其他外在環境與關係狀態。

事實上，財富與快樂往往是背道而馳的。通常一個人擁有的越多，他們就越不慷慨。一個人擁有的越多，他們的**焦慮**就越多。一個人擁有的越多，他們就越意識到自己所沒有的。

我發現，當個快樂而富有的人，比當個快樂但不那麼富有的人更難。但是不要絕望——即使是富人也能掌握這些心靈習慣。快樂不分貧富貴賤。只要有一顆**健康的心**，就能滿溢快樂。

我們前面花了九章的篇幅談論關於這四個心靈敵人的事，現在讓我們正式面對第一個吧！

第 11 章

正視罪惡感

秘密一旦暴露在陽光下，就即刻失去了它們的力量。陽光暴露了我們的秘密，使得心靈脫離罪惡感的壓迫，這就是懺悔的力量。

但我說的並不是大多數人習以為常的那種懺悔，也就是簡單地承認我們在某件事上確實犯了過失：「是的，媽，我打破了你的花瓶。」、「是的，親愛的，我又把牛奶喝光了。」、「是，警官，那時候是紅燈。」這種懺悔只是暫時讓我們免於良心的譴責，對於暴露藏在我們內心更深處的秘密無濟於事。然而，使我們的內心忐忑不安的，正是這種秘密。

更糟的是，這種懺悔其實是助長了破壞行為，而不是在抑制它，結果造成了更多的秘密以及更沉重的罪惡感。讓我說說這是怎麼發生的。

當我還是個孩子時，我最早記住的聖經經文之一，就是〈約翰一書〉（若望一書）一章九節：「我們若認自己的罪，神是信實的，是公義的，必要饒恕我們的罪，洗淨我們一切的不義。」

這種事，簡直好得不像真的。

當我把事情搞砸了，我就先承認我搞砸了，然後神就會饒恕我，我的生活就可以繼續。顯然我是發現一個漏洞了。

隨著時間過去，這段經文成了我的逃生出口。每天晚上上床睡覺前，我都和上帝來一段鉅細彌遺的心靈獨白，大多都和我的罪惡有關。我會努力記住那天我犯下的所有罪行。有時我的清單很短，但通常不是如此。不管是什麼情況，我都小心翼翼地承認我做錯的每一件事、每一個錯誤的想法和每一句說錯的話。獨白要結束時，為了保險起見，我還會加上一句：「如果我忘了提哪件事，也請饒恕我吧。」

當我進入夢鄉時，我知道我的「罪惡桶」已經清空了，但是在腦海深處我仍然心知肚明，也許明天它就又要裝滿罪孽。事實上，我極有可能再次犯下那些我在入睡前才剛甩掉的罪行。但是，我可是懺悔過了！我做了那段經文上所說的事。我始終指望著上帝能夠信守祂的諾言。

接著，我注意到一種危險的趨勢。當我受到誘惑而犯罪時，我會跟自己說：「我知道這件事是錯的，但如果我還是做了，我永遠都可以向上帝懺悔，祂會原諒我的，一切都會沒事的。」不久後，我的懺悔習慣就成了我犯罪習慣的支柱了。

這就是我要的一個把戲。

我相信上帝一定是絞著雙手在地板上來回踱步。

畢竟，我找到一個漏洞了呢。

每個人都玩著這個把戲

當我年紀大一點時，我發現我那些天主教徒朋友們也都玩著類似的把戲，只是花樣多少不同而已。他們是這樣描述它的（記住，那時候我們不過十三歲的年紀）：他們可以做任何想做的事，然後去告解，把他們的骯髒事全丟給神父以後，就可以繼續開開心心地過活。我還記得當時自己心想：「他們以為上帝是笨蛋嗎？」我的朋友們應該要看出這件事裡面的偽善才對啊。

在我的心裡，我以為天主教徒朋友們處理告解的態度和我的大不相同，但事實是，這兩者間根本沒有什麼真正的區別。我們的懺悔都不是為了要邁向改變，我們的懺悔只是為了減輕罪惡感而已。即使當我正在懺悔時，我也心知肚明明天我又將故態復萌，懺悔著同樣的罪行。我的例行懺悔跟改變一點關係也沒有，只是為了讓自己感覺好過點。

很有可能你也在玩著自己的懺悔遊戲。有些人向神父告解，也有些人直接向上帝懺悔，但我們之中沒有人真正對於改變任何事情感到興趣。然而，我們確實因為這樣做而對自己的觀感更好。烏雲一掃而空，記載我們罪孽的石板乾乾淨淨。既然我們已經讓上帝對我們的罪既往不究，我們就以為祂會站在我們這一邊。

但是，你會和這樣對待你的人站在一起嗎？

想像一下，你有個兄弟，他一直偷你的東西、當眾令你難堪，還在背後編派你的不是，但是每個禮拜他都會來找你，敷衍地跟你說他感到很抱歉（這點你早就知道了）。但是你才剛剛轉過身來，他的老毛病就又犯了。更糟的是，他竟然還有勇氣一遇到困境就來向你求助。

你會如何描述這樣的一段關係？即使你每次都能夠真誠原諒他，但這段關係最後會變成什麼樣呢？**你們的關係會無法維持下去**。情況最好時，你會覺得自己被人利用了，更有可能的是你會覺得受到了羞辱：「他把我當成什麼樣的傻子？當他轉過身一次又一次地再犯同樣的事情時，他真的以為我會相信他的道歉是真心的嗎？」

需要我再舉例嗎？

讓我們面對現實吧，我們對懺悔的態度，是對天父的一種侮辱。跟這樣對待我們的人維持關係，當然不會是我們的夢想。幸好上帝的愛是無條件的，否則我們全都會有麻煩。所以我們是在哪裡出錯了呢？為什麼會陷入這樣無止境的循環？我們怎麼會讓懺悔變成促進我們行惡而不是終結它的工具呢？

嗯，我很高興你問了（或者該說，我很高興我問了）。無論如何，這都是一個值得仔細思量的好問題。

我們會玩這個懺悔遊戲，是因為在人生的某個時間點，有人教導我們懺悔的目的是為了**讓良心得到解脫**。也就是說，我們懺悔，是為了讓我們對自己所做的事感覺好過些。你也可以聽聽有些人「自以為」的神學觀點：我們懺悔是因為我們以為這樣做多少可以幫助上帝，讓祂對我們所做的事感覺好過些。根據我們扭曲的想法，不管我們做了什麼事讓我們覺得需要懺悔，懺悔都會將一切恢復到我們做這些事情之前的狀態。

但是，這根本沒有任何意義。向神懺悔你對別人所做的事，怎麼會讓一切變好呢？這樣做能夠讓任何事回到原狀嗎？受到你無理錯待的那個人呢？

這種做法不僅沒有意義，而且不會有任何作用。這種假認罪不僅沒有消除我們的罪行，而且就像速效止痛藥一樣，快速的懺悔禱告雖然可以減輕我們的痛苦，卻無法治癒我們的罪所造成的創傷。這就是為什麼你發現自己一遍又一遍地重蹈覆轍，懺悔著自己過去的罪孽，罪惡感卻還是在那裡。

懺悔的目的

懺悔這個字的英文 confession，定義是「承認或認知到某件事」。但是在聖經中，懺悔則和**改變**有關。懺悔只是引導罪人從黑暗走向光明的第一步；它只是過程的開始，這個過程最終會引導生活方式或行為上的改變。

早期關於悔罪（penance）與懺悔的天主教文獻支持了這個寬泛的定義。在天主教的早期，你不能一次又一次地懺悔同樣的罪。你只能懺悔一次。因為在你真正地悔罪之後，就會發生改變。在英文中，悔罪來自「悔改」（repentance）一詞。悔改常被描繪成一個偏行己路的人，在意識到這條路是錯誤的之後，改而走上完全相反的方向。

在聖經中，懺悔與賠償（restitution）、悔改、復原（restoration）有明顯的關聯。在舊約中，懺悔是公開的行為，並且牽涉到賠償。我們要思考神給摩西的這道諭旨：

無論男女，若犯了人所常犯的罪，以致干犯耶和華，那人就有了罪。他要承認所犯的罪，將所虧負人的，如數賠還，另外加上五分之一，也歸與所虧負的人。（民數記／戶籍紀 5:6-7）

對猶太人而言，這不是為了讓你對自己感覺好一點，而是你要和你所虧負的人恢復正確關係——加上利息。僅僅感到抱歉是不夠的。上帝感興趣的是改變。你必須將你犯的罪過公諸於世並做出賠償，這肯定會激勵人們做出改變。

當施洗者約翰（若翰）登場時，他呼召人們要悔改也要認罪：

照這話，約翰來了，在曠野施洗，傳悔改的洗禮，使罪得赦。猶太全地和耶路撒冷的人都出去到約翰那裡，承認他們的罪，在約旦河裡受他的洗。（馬可／馬爾谷福音 1:4-5）

這不是私底下的懺悔，這是與公開悔改相聯繫的公開懺悔。約翰的觀眾將他們的罪帶到眾人面前，他們想要過一種不一樣的生活。他們懺悔，不是只為了平息良心的指責；他們已經準備好將他們的罪拋在腦後，朝不同的方向邁進了。懺悔不只是讓人對自己所犯的罪感覺好一點的工具，它是公開地向離棄罪惡邁出了第一步。

再深入閱讀新約聖經，我們發現，惡名昭彰的稅吏撒該（匝凱）就遵循了這種舊約的懺悔模式。但是，撒該並不是償還上帝在律法中規定的五分之一而已，他償還了他不法所得的四倍給他虧欠的人。

撒該是個邪惡的男人，他之所以富有，是他幫助羅馬帝國把加倍的重賦稅款強加在猶太同胞身上而得來的。人們認為他背叛了自己的國家，他虧負了他的猶太同胞，這讓他在覺醒時必須面對一連串關係破裂的後果。

但是，在改變命運的那一天，當耶穌自己要求去撒該的家時，這個矮小的稅吏就被改變了。他在耶穌身上找到了希望和寬恕，那是他早已不抱希望的東西。但是撒該本能地知道，只是向耶穌承認自己的罪，那是不夠的——那是第一步，但也只是第一步。

撒該站著對主說：「主啊，我把所有的一半給窮人；我若訛詐了誰，就還他四

倍。」（路加福音 19:8）

耶穌如何回答撒該呢？他沒有說：「喔，不、不、不，撒該，你已經得到寬恕了！你只要向我認罪就夠了，沒有必要讓自己當眾出醜。」實際上，耶穌說，現在他確定救恩臨到這家了。撒該的公開認罪表明他的心已經改變了。

撒該不只是承認了自己過去所犯的罪，他還公開承擔起這些罪行的責任。他的懺悔符合了懺悔的最真實意義。

聖經重複地談到了懺悔，但並不是從良心解脫的角度而言，而是從生命變化的角度來談。懺悔永遠無法頂替悔改，它只是邁向悔改的第一步。

耶穌同母異父的兄弟雅各（雅各伯）曾經這樣談到關於懺悔在信徒生命中所扮演的角色：

> 出於信心的祈禱要救那病人，主必叫他起來；他若犯了罪，也必蒙赦免。所以你們要彼此認罪，互相代求，使你們可以得醫治。義人祈禱所發的力量是大有功效的。（雅各書 5:15-16）

雅各呼籲我們要彼此認罪，好讓我們可以得到復原。雅各在這裡想說的似乎是，疾病有時是由隱藏的罪所導致。無論你的看法如何，不要錯過雅各話裡的含義：因為**隱藏的罪也許是可見疾病的原因**，所以你最聰明的做法就是認罪。不只向神認罪，也向其他人認罪。換句話說，**把你的秘密攤在陽光下**。

根據這段話，我們可以知道，在獲得肉體與心靈的復原之前，我們必須要先懺悔。再提醒一次，這裡談到的無關乎讓你的良心得到解脫、讓你對自己感覺好一點，或是擦去你在上帝眼中的汙點。懺悔是邁向改變的第一步。

優先要做的事

毫無疑問地，當耶穌用下面這段教導震撼了他的聽眾時，他就是那樣想的：「你在祭壇上獻禮物的時候，若想起弟兄向你懷怨，就把禮物留在壇前，先去同弟兄和好，然後來獻禮物。」（馬太福音 5:23-24）

我可以想像聽眾中的某個人在想什麼：「等一下。你是說，我一路辛辛苦苦走到了聖殿，排了老半天的隊，還帶了一個不錯的祭品，然後我應該站起來並且離開這裡？你希望我把我的小羊綁起來，或是把我的鴿子交給別人，就為了跟某個對我很不滿的人講和嗎？」

耶穌的這段話，無疑又是一個對於律法的新看法。它不但新，還非常不方便實行。難道我們不應該優先考慮與上帝的關係嗎？難道上帝更感興趣的不是我們和祂有正確的關係，而是我們和隔壁鄰居和睦相處？難道我們不該將上帝放在第一位嗎？我們當然應該關心我們緊繃的人際關係，但是，這種事可以放在教會的事情後面再做吧！

但是，耶穌卻以他特有的風格顛覆了一切事物。他說我們與上帝的關係，取決於我們與其他人的關係——這兩者密不可分。他似乎在暗示，我們真誠地敬拜上帝並且坦然地與祂相交共融的能力，取決於我們與他人的關係狀態，包括與那些我們冒犯過的人。

事實上，如果你不願意解決你和周遭人們之間的分歧，你就無法解決你和上帝之間的分歧。你無法一方面與天父有契合無間的關係，另一方面卻因你所做的某件事而與其他人無法和睦共處。這兩者是缺一不可的。私下向上帝或神父懺悔，無法代替向你虧負過的人公開認罪。

神看重我們的人際關係，並將關係的修復當成優先的事。而這往往需要我們的懺悔，不僅向神認罪，也向受到冒犯的一方認罪。

與神同行的一部分，就是打那個你很怕打的電話；安排那個你知道會尷尬無比的約會；寫那封你很久以前就該寫的信。它意味著謙卑自己，**承認你自己那部分的問題**，盡一切的努力讓那些人際關係回到它們應有的樣貌。

當你嚥下你的驕傲，踏出那額外的一步時，超乎尋常的事情就會發生。罪惡感失去了在你心中的立足之地，它在你生命中的權勢也消滅了。

必須消滅的東西

公開認罪的力量可以打破罪惡的循環。事實上，這就是懺悔的目的。就像大多數的藥物一樣，只要適當服用，就能夠發揮作用。

如果你開始向你虧負過的人承認你的罪，很可能你就不會再重蹈覆轍，犯下同樣的罪了。也許那就是我們寧可默默地向上帝承認自己罪過的原因——它給了我們一個出口，讓我們可以重複犯同樣的錯誤，而不會為自己感到難堪。那也正是我們為何總是在背地裡認罪的原因：在許多情況下，我們知道我們會重蹈覆轍。

但是，如果你強迫自己向你的業務經理認罪，說你浮報了上一季的業績，假設你在坦白之後保住了你的工作，你應該再也不會浮報業績了。因為那意味著你必須再次承認你又違反了同樣的規定，你是不會那樣做的。

如果你好不容易鼓起勇氣向一個朋友承認，你跟某個人透露了她告訴你的一件秘密，那麼你很可能再也不會那樣做了。因為那意味著必須再次向她認錯，所以你是不會那樣做的。

如果你向某個老師承認你某次考試作弊，那很可能就是你最後一次作弊了。我從自己的經驗中知道這件事是真的。

有罪惡感的人往往是累犯。只要你有個秘密，只要你企圖用「向上帝說你有多麼抱歉」讓你的良心好過些，你就是在讓自己往重蹈覆轍的方向走。然而，認罪懺悔——神所設計的懺悔方法——可以打破罪與罪惡感的循環。但別忘了，那只是開始而已。

第12章 走入陽光下

罪惡感使我們過著逃避、隱藏的生活。公開認罪的力量可以滌清我們心中的罪惡感，而私底下的懺悔則沒有這種力量。

幾年前，我在父親出城時幫忙他進行講道。那個特別的星期天，我的講道主題是「無可指責」（blameless，意思是清白無罪，沒有什麼可讓人指責的）的重要性。我還記得我說了這樣的話：「如果你們真的無可指責，那你們就能禁得起任何的審查。總統可以要你擔任檢察總長，你可以順利通過聽證程序，因為你的紀錄清清白白。」

我的嘴裡才剛流暢地說出這些話，忽然我的腦海裡就浮現了高中時發生的一件事，那件事跟我還有教會裡的一家人有關。我當時十六歲，因為這個家庭的父親說了一些關於我父親的話，讓我很生氣，於是我設計了一個惡作劇。我以為這樣做可以讓這個家庭對上帝產生一點敬畏之心。幸運的是，在那場惡作劇中沒有人受傷，但是他們被嚇得半死，尤其是最小的女兒。

我做了一件錯事。更糟的是，它還是件違法的錯事。現在我也為人父、為人夫了，我對於那晚發生的事有了不同的看法。我做了一件可怕的事。如果我是那位父親，也許我會盡一切力量來懲罰那個用這種方式嚇唬我家人的人。

但他們不是唯一受到那個事件影響的人。我每天都帶著對那個事件的罪惡感一起生活。再多的秘密懺悔、禱告或悔罪也無法消除我的罪惡感。我宣告過幾百遍〈約翰福音〉一章九節的經文，事件發生的幾年後，我甚至在他們家信箱中放了一些錢，希望能賠償我所造成的損壞，但是這樣做仍然無法減輕我的痛苦。

最後，我向我們教會裡的一個牧師坦承了我的罪行。他向我保證，我已經得到寬恕了，我需要繼續過我的生活。我問他我是否應該去向那家人坦承我所做的事，他說：「不用。」但是他錯了。

每隔三、四個月，我就會收到一個來自上帝的溫和提醒。但這一次的提醒並不那麼溫和。我就在這裡，正站在我父親的講壇前講道，但是講到一半時，我的思路忽然完全亂了，我一邊講道一邊心想：「主啊，現在不是時候啊。」

我撐完了那場講道，回到我父親的辦公室裡，和上帝就這個特殊事件進行了一場精心預演過的對話。我提醒祂，我所做的事情已經過去了，我的罪在十字架上已經得贖，我也已經得到寬恕了。

和往常一樣，罪惡感減輕了，但是並未完全消失。

幾天後，在我早上的靈修時刻，我發現我無法禱告了。我腦袋裡能想到的只有這件始終令我良心不安的事。十五年來，我一直抗拒上帝插手這件事，但是祂卻始終不放棄。上帝就像在說：「安迪，你不是個無可指責的人。你在隱瞞著什麼。」

我還記得我那時心想：「可是那件事很複雜，而且都過去這麼久了，也許現在已經沒什麼大不了……」

最後，我下了一個結論：比起持續跟上帝爭辯，處理這個問題要容易多了。

從秘密中解脫

於是我站起來，坐上我的車，完全沒想自己要怎麼做。反正，我就是得跟這傢伙和他的家人恢復正常關係不可。

我開車到了他家，然後開著車經過了他家，然後我再次開著經過了他家。花了好長一段時間，我才終於鼓起勇氣停了下來。我想不起我成年後還有哪個時候曾經令我對某件事感到如此緊張。我不知道他會不會生氣，或者他只會認為我瘋了。據我所知，他是會報警的。

我終於將車子停在他們的車道上，走到他家門前並按了門鈴——暗自希望沒人來開門才好。但我虧負的那個男人走上前來應門，並用你能想像得到的最困惑表情向我打招呼。他這樣做是有原因的，我以前從來沒去過他家，我們從來都不是好朋友，而且我已經好幾年沒見過他了。

「安迪嗎？是什麼風把你吹來這兒？快進來。」

我進到他家裡，困窘得快要死掉。他完全沒有頭緒我為什麼會出現在他家門口。那表示他不知道我做的事情，否則他早就把我轟出門外了——我是這麼想的。

他一個人在家，這時他的孩子也都已經長大，離開家了。

我一坐下就說：「我是來道歉的。」他只是盯著我看，看來他還是不知道。

於是我又說了一遍。主要是因為我怕如果我不開口，我就會失去勇氣告訴他我做了什麼事。我告訴他我有多麼抱歉。

他仍然只是盯著我看。如果他站起來一拳把我毆飛，我想我會好過一百倍。這當然是我應得的，所以我也這樣告訴了他。我認為無論他的回應是什麼，都是完全正當的。

當我說完，他笑著說：「你知道嗎，我以前就覺得那件事是你幹的。」現在，你得明白，我懷抱著這份罪惡感已有多年。而一直以來，這個人一直有種直覺──那個造成他莫大痛苦與損失的事件，背後的策劃者就是我。我這一生都不會忘記這位有紳士風度的男人在我們談話結束時所說的話。他看著我說：「安迪，這讓我感覺非常好。」

我從他眼中看到了釋懷。他已經原諒我，也向我表達了他的寬恕。當我承認我所做的事情時，就好像療癒的過程已經完成了。我們都好好哭了一場，然後我才離開。我自由了。罪惡感消失了。我終於認罪了。

你對過去發生的事仍然**感到罪惡感**的原因，是它們**尚未得到解決**。向上帝說你很抱歉無法解決你的罪惡感，因為上帝不是唯一受到冒犯的一方。跟上帝說是不夠的。除非你向你冒犯的人認罪，否則你的罪惡感不會減輕。

只有這樣，你才能生活在陽光底下。只有這樣，你為了隱藏秘密而蓋在你和所愛之人間的高牆才會倒塌，而你才能從中解放。

被錯用的恩典

「先等一下，」你可能會抗議：「那寬恕呢？上帝不是寬恕我的罪了嗎？為什麼我還得挖掘出一堆往事，這些事在十字架上都已經付出代價了不是嗎？而且，當我在做其中的一些事時，那時我甚至還不是個基督徒呢？」

當我聽到人們提出這樣的論點時，我不得不微笑，因為我自己也用了這個論點很多年。但是當所有的神學辯論結束時，我的罪惡感依然存在。為什麼？因為**上帝不是唯一受到冒犯的一方**。

此外，使我們確信自己已經得到神的寬恕的那本聖經，也教導我們「賠償」的原則。我們需要為自己所做的事負起責任，寬恕並不能消除這種責任。事實上，寬恕應該驅使我們認罪。

我們在這方面的困惑，有部分來自對於恩典教義的錯誤使用。當你成為基督徒時，你就直接面對著上帝所賜的無條件、平白得到的恩典。如果你像我一樣，當你明白你無法做任何事來贏得你的寬恕或救贖時，你會完全臣服。那是份禮物——我只能這麼說——沒有一件你所做的事情值得換取這份寬恕，你的善行也不能使你在上帝面前站得住腳。

但是，這並不適用於你和其他人的關係。上帝已經原諒你了，但是你虧負的那些人也許還沒。事實上，他們很可能因為你對他們做的事而陷入怨恨與憤怒中無法自拔。如果你認為你虧負的每一個人都可以簡簡單單地原諒你，然後繼續他們的生活，那你是在開玩笑。當然了，他們是應該這麼做沒錯。但如果人們總是做他們「該做」的事，寬恕從一開始就不會成為我們的問題了！

如果我們認為賠償或修復不是我們的責任，那就是在自欺欺人。當我們得救時，降臨在我們身上的恩典，並不是讓我們逃避對他人責任的救生艙。相反地，正是這恩典應該驅使我們，使我們**主動**向那些我們虧負過的人作出賠償才是。

基督已經償了他沒有欠的債，一筆我們償還不了的債。那樣的愛應該激勵我們向那些我們**確實**虧負的人償還那些我們**可以**償還的債。

對我們罪的懲罰，耶穌已經為我們承受了。但我們犯罪所造成的「後果」卻是另一回事。如果我們以寬恕為藉口，迴避與他人和好時所要承受的尷尬與掙扎，那就是在規避聖經的教導。的確，你永遠報答不了神為你所做的一切，但是你當然有能力賠償你對你的人類同胞所做的錯事。這是讓你的心從罪惡感的毒害中徹底解脫出來的唯一方法。

將立場顛倒過來

如果你真的想要了解懺悔的力量，那就將立場顛倒過來——將你自己放在被虧欠的接收者那端。

想想看，誰的道歉是你最希望但又最不指望得到的？哪些人對於他們給你帶來的麻煩或傷害完全無動於衷？想像一下，如果那個人突然造訪，你會有什麼感覺？如果那個人走進來、坐下，向你表示他或她要對曾經做過的事負起全部的責任，你會有什麼感覺？想像一下，如果那個人以一種真誠的謙卑態度，提出他或她願意在自己能力範圍內做任何事情，以彌補從你身上奪走的東西，你的內心會有什麼變化？

我的猜測是，你再也不會跟從前一樣了。你不可能抗拒在你心裡開始發生的改變，那就是懺悔的力量。它不只能將你從罪惡感中釋放出來，還能為你曾經傷害過的人提供一條寬恕之路。你的言語可以治癒受傷的靈魂，這是真的。

我們不願意承擔這項責任的最大後果，就是點燃了別人生命中的怨恨與憤怒之火。許多曾經受到傷害的人，靈魂裡充滿了自我毀滅的憤怒，但對他們而言，一個簡單的懺悔就可以讓他們完全自由。

虧負人的一方只需要來到他們面前，補償你所做的事情，就能將他們從怨恨的腐蝕力量中釋放出來，你只需要說：「我知道我永遠無法完全償還你。我知道我無法讓這件事情過去，但是我來這裡是為了要讓你知道，這是我的責任，我很抱歉。我會不惜一切代價來補償你的。」

對這世界上的某個人而言，你握有他或她長久以來一直試圖完成的拼圖的最後一片。承擔起你的責任，可以讓這個男人或女人的生活繼續向前進。單單只是向上帝懺悔是無法讓這件事情實現的。罪惡感啃噬著你的人格與良知，單單向神認罪無法讓你的心從罪惡感中解脫。

上帝的寬恕沒有免除你認罪與賠償的責任。相反地，祂的寬恕正是你懺悔的理由。神已經付出了高昂代價讓你與祂和好，現在祂正召喚你為了與他人和好付出應付的代價。

面對罪惡感的旅程

在你一生中的某個時刻，上帝會呼召你回頭，為你的過去負起責任。上帝的呼召從不失敗。未解決的關係、被忽視的欠債、從未做出的道歉——上帝最終都會帶著我們一一還清與解決。祂是怎麼做到的？就是透過那難以擺脫、無法否認、令人惱怒的罪惡感。它像重感冒一樣纏著你不放，無論是懺悔還是祈禱，都無法讓它消失。

當然，這很痛苦，很難以面對。不要說是尷尬了，有時甚至令人感到非常羞恥。但是想想吧：你的救主為了我們過去與未來的罪，在羅馬帝國的十字架上經歷了痛苦、難忍而極其屈辱的死亡。那些罪甚至不是他的。他卻為世人的罪擔起責任，就這樣死了，好叫眾人都能與天父和好。

讓我們面對它，在十字架的陰影下，我們所有的藉口、所有的抱怨、所有的理由都算不了什麼。我們真的沒有藉口。他是為了我們好而死，他對於認罪、和解的要求也都是為了我們好。他要你完全脫離罪的奴役。懺悔讓我們能夠走出罪的陰影，進入光中，在那裡，一切事物都被更新了。

懺悔的習慣

認罪不是偶一為之的事，它必須成為我們生活中的習慣。就像我輔導過的許多人一樣，我必須透過艱難的方法來學習到這點。但是，一旦我告別了我那自欺欺人的心態，就可以開始忙碌地展開罪的清理工作。但我不是和上帝一起工作，而是和那些我傷害、冒犯過的人一起工作。

從那時起，懺悔就成了我的一個習慣。我寧可對自己嚴格點，懺悔一些對大多數人而言也許無關緊要的事情。但我已經見識過罪惡感造成的傷害，我再也不願重蹈覆轍。

高中時發生的那個事件為我上了寶貴的一課。罪惡感削弱了我的自尊。認罪可能會減少眾人對我的敬重，但是比起來自尊重要得多。此外，我無法控制別人怎麼想我，我要不是失去其他人的尊敬，就是失去我對自己的尊敬。為什麼要努力去保護一個我可能怎樣都無法贏得的名聲，卻讓罪惡感玷汙了我的心呢？

記住，懺悔的目的不是為了減輕良心的負擔，而是要**產生改變與和解**。所以不要再自欺欺人了。打破無休止、毫無意義的懺悔循環吧。

用正確的方式使用懺悔這個強大的工具。將你的罪帶到眾人面前，將你心中的罪惡感洗滌乾淨，它正在侵蝕你的信心與生命。

我從未聽說一個人可以在沒有公開認罪的情況下，打破某個令人逐漸衰弱的習慣。問問戒酒無名會的人吧，他們會告訴你，在眾人面前坦承你的習慣是邁向復原的第一步，也是最重要的一步。懺悔打破了罪惡感的掌控，讓我們得以自由地擁抱上帝為我們預定的未來，而不是拖著過去的殘骸行走。

認罪的後果遠遠沒有隱瞞的後果嚴重。秘密就像埋在深處的碎片，最好的辦法就是將它挖出來，否則傷口就會感染。在碎片挖出來之前，傷口是不會開始癒合的——直到你認罪為止。痛雖痛，但是你知道嗎？隨著時間過去，忽略那個碎片會為你帶來更深層的痛苦以及更多的併發症。

所以，你有什麼秘密嗎？正在玩懺悔遊戲嗎？你是否暫時減輕了良心的負擔，卻看不見自己有任何改變？

準備好打破這種循環了嗎？懺悔吧。這是個可以改變一切的習慣。

第13章
正視憤怒

在競相爭奪我們內心控制權的四大敵人中，最明目張膽、也最危險的一個，就是**憤怒**。當憤怒以不受控制的強度釋放後，它會留下毀滅的痕跡。但是在所有咆哮、咒罵及煎熬的情緒背後，隱藏的是人類最基本的經驗——只是因為我們無法按照自己的心意行事而已。

正如我們已經看到的，憤怒的人對待生活、愛與人際關係的態度都一樣：他們尋求回報。憤怒說：「你欠我的。」而誰來付這筆帳，往往不是憤怒的重點。

記住了這一點，我們應該會毫不驚訝地發現，解決憤怒的方法就是**寬恕**。受罪惡感所苦的人們需要養成懺悔認罪的習慣，而憤怒的人們就需要培養寬恕的習慣。但是寬恕可不像聽起來那麼容易，不是嗎？也許你已經試著要寬恕了，但是這麼「想」並沒有真的改變了什麼。

關於寬恕的意思到底是什麼，人們有許多的困惑。困惑如此之多，以至於許多人覺得找不到出路。每當我演講寬恕這個主題時，觀眾中似乎總是有三種人：第一種人認為他們應該寬恕，但似乎提不起勇氣這麼做；第二種人覺得寬恕讓虧負他們的人可以一走了之，這樣做似乎不大對；第三種人聲稱他們經歷過寬恕的過程，但是過去的感覺和記憶卻糾纏不放，讓他們懷疑自己是否真的寬恕過。

那麼你如何寬恕別人呢？你如何知道你已經原諒了？如果那個人是個慣犯怎麼辦？如果你不知道如何和虧負你的人取得聯繫呢？如果你從一開始就無法忍受和他們接觸呢？如果他們已經不在人世了呢？

一個不合情理的請求

即使耶穌已經給了我們犧牲的愛與寬恕的終極榜樣，如何處理我們的憤怒仍然一直是他的追隨者的課題。使徒保羅（保祿）在給以弗所（厄弗所）信眾的一封書信中，提出了一個看似不合情理的要求：

一切苦毒、惱恨、憤怒、嚷鬧、毀謗，並一切的惡毒，都當從你們中間除掉。（以弗所書 4:31）

保羅要我們「除掉」憤怒。這根本說不通，不是嗎？你如何「除掉」一種情緒？這裡被譯為「除掉」的那個希臘詞語，意思是「擺脫」，也就是使自己與某物分開。這又是什麼意思？舉個簡單的例子，你曾經在走路時不小心穿過一片蜘蛛網嗎？你正愜意地走在路上，口中輕哼著一首曲子，一個不留神，你直直地走進一大片蜘蛛網，然後你的蜘蛛恐懼症就發作了。這時你會怎麼做？如果是我的話，我會瘋狂地拉開任何感覺有點像蜘蛛網的東西，讓它離開我的臉、我的頭髮、我的衣服！

這就是那個字所要表達的意思——把它弄走，而且是趕快把它弄走，越快越好。

你注意到這段經文中的「一切」這個詞了嗎？保羅在這裡列出了他所能想到的一切關係破裂的元凶——苦毒、惱恨、憤怒、嚷鬧、毀謗，他還怕自己可能疏漏了什麼，於是加上一句「並一切的惡毒」。惡毒是指對另一個人的惡意。保羅將一切惡意的基礎都涵蓋了：無論你內心有什麼樣的負面情緒，無論你的負面情緒針對的是誰，你都要除掉它、擺脫它。

第一次看到這段經文時，我為這段話裡的「搞不清楚狀況」感到震驚。說話的是個活在兩千年以前的人，他對我現在的生活一無所知。如果我（身為一個完全的陌生人）忽然走到你面前，要求你擺脫所有對前夫、前妻或任何令你抓狂的人的怨恨，你會怎麼想？我可以猜猜看，但答案也許不適合寫進這本書裡。最溫和的版本應該是這樣：「你少管閒事！而且你根本沒聽過我這邊的說法。」

如果我花夠長的時間傾聽，我可能會發現你的確有個很具說服力的理由，可以說明為什麼你完全有權利憤怒，而且一直無法氣消。當你說完你的故事時，我可能會忍不住加入你的討伐行列，希望讓那些人為自己所做的一切付出代價。你不應該得到這樣的對待，他們也不該這樣對待一個人而不必付出任何代價。

思考憤怒的起源

在以為保羅是個還沒搞清楚狀況就提出不合理要求的人之前，我們應該想一想，他並不是在大溪地的白色沙灘上，悠閒地躺在吊床裡用筆記型電腦打出了那些話。保羅是在羅馬監獄裡口述這些話的。他受到不公正的逮捕，並被引渡到羅馬。當他寫下這段話時，他已經在牢裡等待審判一年多了。更糟的是，當時羅馬的政治氣氛對基督徒十分不利，老百姓和領導階層都認為這個新的「邪教」十分可疑。儘管處在這樣實在說不上是理想的環境下，保羅還是教導信眾要擺脫一切的苦毒與憤怒。

但是這種事是可能的嗎？保羅似乎認為是可能的。他並沒有為他的話加上一些條件。他沒有給任何人藉口，或是說極端的情況可以是例外。如果他是對的呢？如果真的有一種方法可以讓我們擺脫內心的苦毒與憤怒呢？

前面已經討論過帶著一顆充滿憤怒的心生活的後果。而且，如果你正在跟保羅的清單上的任何一項負面情緒——苦毒、惱恨、憤怒、一切的惡毒——搏鬥的話，那麼不需要我來告訴你，你的生活會因此而變得多麼複雜。

但是，這聽起來根本不切實際。畢竟你的憤怒只是針對你周遭的人事物的回應。你不過是做出反應而已，不是嗎？老闆無能又不是你的錯。

那不但不是你的錯，而且你對此也無能為力。所以你每天下午開車回家時，心裡都怨氣沖天。

你的丈夫更喜歡跟辦公室裡的傢伙打混，而不願花時間在家人身上，這也不是你的錯。對於這種事你也同樣是無能為力。當你的憤怒只是針對你無法控制的對象的合理反應時，你怎麼可能擺脫它呢？最重要的是：你是個受害者。

傷害、拒絕、批評，總之事情就是不如你意——所有這一切都讓我們覺得自己像個受害者，難怪我們會有這麼激烈的反應，難怪我們動不動就怒氣沖天。誰能責怪我們呢？受害者是無力的人。受害者無法掌控自己的生活。受害者只能任人擺佈。受害者只能被動反應。受害者是他們無法控制的環境的囚徒。

正是這些受害者的感受，增強了我們的理由與藉口。受害者總是有理由。事實上，一個受害者無論做出什麼樣的行為，幾乎都可以不必負責。畢竟，看看他是如何被對待的。看看她不得不忍受了什麼。對於一個受了這麼多苦的人，我們還能期待什麼呢？於是痛苦與傷害用藉口與理由築起了一道牆，一道無懈可擊的牆。

然後我們漸漸相信了那個謊言：「你的行為舉止沒什麼問題。你沒有選擇，所以只能這麼做。對你而言，這樣的行為是完全可以接受的。你沒有義務改變。你完全有權做你自己。」

最後，我們就再也沒有改變動機了。畢竟，「保持不變」跟「為自己的行為找藉口」總是比較容易。受害者不會積極主動地想要改變——他們只想要積極主動地確保傷害他們的人會**付出代價**。於是我們把時間精力花在訴說我們的悲傷故事，而不是為自己的行為負起責任。

我們敞開心靈的大門，迎進裝滿了苦毒的特洛伊木馬。它是一座矗立在那裡的紀念碑，提醒我們有人欠了我們一筆債還沒還。有人虧欠我們。最後，**所有人都虧欠我們**。於是，當我們讀到「一切苦毒、惱恨、憤怒、嚷鬧、毀謗，並一切的惡毒，都當從你們中間除掉」時，我們心想：「絕對不可能。這不是我能控制的。我只是在回應我周遭的人和世界而已。我沒辦法擺脫那些東西。別要求我這麼做。」

消除憤怒的工具

所以保羅知道什麼我們不知道的事嗎？他對每個人的處境一無所知，是什麼促使他用這種權威的語氣向人們說話？答案就在下一段經文當中：

一切苦毒、惱恨、忿怒、嚷鬧、毀謗，並一切的惡毒，都當從你們中間除掉；並要以恩慈相待，存憐憫的心，彼此饒恕……（以弗所書 4:31-32）

相對於苦毒、嚷鬧的情緒，保羅建議我們將「恩慈」及「憐憫」施予那些虧負過我們的人。接著，我們看見了那個詞——「饒恕」。這句話顯示，寬恕正是可以消除我們心中苦毒、惱恨、忿怒的那個工具——寬恕讓我們能夠對那些不曾給過我們恩慈與憐憫的人施予恩慈與憐憫。

如果保羅就此打住，我們就可以回到我們早已排練得很熟的藉口，說我們受到了多麼惡劣的對待，生活對我們多麼地不公。如果他在「彼此饒恕」那裡就打住了，我們毫無疑問會舉出令人信服的理由，說明激發我們憤怒的那些人根本不值得原諒。事實上，那些人大多不認為自己需要寬恕，因為他們甚至沒有意識到自己曾經做錯了什麼。

但是他**沒有**在那裡結束他的話語。保羅闡述「寬恕」這概念的方式，讓我們所有人都應該停下來，重新思考這個古老的概念：

> 要以恩慈相待，存憐憫的心，彼此饒恕，正如上帝在基督裡饒恕了你們一樣。（4:31）

寬恕可以為保羅提到的恩慈與憐憫提供能量，但不是任何一種寬恕的態度都可以。我們要展現的寬恕，要能反映上帝賜予我們的寬恕。前面經文裡的「正如」一詞，應該要放大、強調出來，因為它的意義之重大，超出了我們的想像。

「正如上帝在基督裡饒恕了你們一樣」——這就是原因，就是這個「正如」讓保羅有信心呼召那些他幾乎不認識的人，去達成一個大部分人都認為不切實際的要求。更重要的是，這也是讓上帝除去我們心中苦毒與怨恨的關鍵，我們每一段重要的人際關係都可能受到負面情緒的毀滅性力量所侵蝕，「正如」重新定義並提升了寬恕的意義。

寬恕的限度

幸運的是，耶穌已經為我們直接正面地解決了寬恕的問題。有趣的是，正是門徒們對於解決人際關係衝突問題的困惑，讓耶穌有機會在〈馬太福音〉十八章二十一至三十五節中為所有人重新定義了何謂寬恕。

身為基督的門徒，彼得（伯多祿）了解他有責任要寬恕，但是他不確定到底要做到什麼地步——也就是說，你該如何對待一個一而再、再而三傷害你的人？所以彼得把耶穌拉到一邊，問：「主啊，我弟兄得罪我，我當饒恕他幾次呢？到七次可以嗎？」換句話說，就是原諒到什麼時候才夠？我要原諒多少次，才算是夠了？什麼時候不原諒才是可以的？彼得想要做對的事，但是我們都有自己的極限。在一個虧欠者能夠一再得到寬恕的體系中，正義何在？

彼得嘗試提出了他認為寬宏大量的答案：「到七次可以嗎？」看起來彼得開始有點明白了。毫無疑問，在彼得艱苦的生活中，有一段時間他可能會建議「兩次」，甚至可能建議只要一次就夠了。但是他一直傾聽著耶穌，他知道耶穌看待事情的角度和其他宗教導師有所不同。

但是在問「我當饒恕他幾次呢？」時，彼得透露出他對寬恕本質的誤解。和我們的疑問一樣，彼得以為寬恕是給冒犯者的好處。就像我們之中的大多數人一樣，彼得願意勉強自己做一個好人，他願意原諒同一個人重複在同一件事情上犯錯七次。但是七次之後——或是其他某個事先決定好的時間點之後——就不再原諒了！畢竟，人的寬恕是有限度的。每個人都知道這點。

耶穌也許會微笑，將他的手放在彼得的肩上，說：「我對你說，不是到七次，乃是到七十個七次。」

然後，在彼得還沒回應前，耶穌就說出了他最引人入勝的寓言之一：

天國好像一個王要和他僕人算帳。才算的時候，有人帶了一個欠一千萬銀子的來。因為他沒有甚麼償還之物，主人吩咐把他和他妻子兒女，並一切所有的都賣了償還。那僕人就俯伏拜他，說：「主啊，寬容我，將來我都要還清。」那僕人的主人就動了慈心，把他釋放了，並且免了他的債。（馬太福音 18:23-27）

這是個很有幫助的比喻，因為耶穌用每個人都能懂的方式談論了充滿情感的寬恕話題。他揭開了寬恕的神秘面紗。簡單地說，寬恕就是**決定將債務一筆勾消**。這是如此簡單、實用的說明，但是又如此容易錯過。

讓我們再回過頭來想想。

當有人傷害你時，你會覺得他們從你身上拿走了某樣東西。債務就這樣產生了。我們在先前關於罪惡感的討論中提到過這個觀點。如果有人說你閒話，那就等於那個人竊取了你的良好聲譽。當一個雇主不公正地解雇了一個工人時，這個雇主就剝奪了那個工人的經濟保障。如果一個男人對他的妻子不忠，他就奪走了她的情感、安全感以及更多其他的東西。

哪裡有傷害，那裡就有竊賊，就存在著不平衡。有人欠了別人的債。這就是我們會說「我要向他討回**公道**」這種話的原因。為了實現公道，必須進行一項交易，將某些東西返還給受害者。可能是一個道歉、一個恩惠、金錢，或是其他形式的賠償，而緊張關係將持續到債務問題解決為止。

在耶穌的寓言裡，主人要賣掉他的僕人、僕人的妻子兒女以及僕人所有的一切，來解決他和僕人之間的債務——根據古代的律法，他是完全有權力這麼做的。

另一方面，僕人也做了他唯一能做的事：祈求主人的寬恕。但接著他又做了一件相當荒謬的事：他答應主人會償還他的債務，但一千萬銀子是筆龐大的數目，比僕人一輩子能賺到的錢還多，他根本無力償還他的債務。

幸運的是，他的主人是個仁慈的人。他憐憫他的僕人，**免除了他的債務**。他決定放棄要求僕人還債的權利。而這，就是寬恕的本質：免除債務的決定。

耶穌繼續說道：

那僕人出來，遇見他的一個同伴欠他十兩銀子，便揪著他，掐住他的喉嚨，說：「你把所欠的還我！」他的同伴就俯伏央求他，說：「寬容我吧，將來我必還清。」（18:28-29）

現在我們發現，這個得到寬恕的僕人處在他主人之前所處的位置上——擁有權力的位置。他的好友不過欠他十兩銀子（這是一筆小數目，只要給他一點時間，他肯定能夠還清），於是我們會期待這個剛剛得到寬恕、被免去了巨額債務的人，也可以將同樣的恩典延伸到他的同伴身上。但是他「竟去把他下在監裡，等他還了所欠的債」。他選擇要這個不幸的同伴履行他們原本的債務協議。更糟的是，他還把他關進監獄裡，直到他或他的家人能夠籌到錢、還清債務，才將他放出來。

他的同伴看不慣他這樣做，就把這事告訴了主人。於是主人叫他過來，對他說：「你這惡奴才！我把你所欠的都免了……」（18:31-32）

主人接下來說的，包含了耶穌對寬恕的定義：**免除債務**。他說：

「你央求我，我就把你所欠的都免了，你不應當憐恤你的同伴，像我憐恤你嗎？」（18:32-32）

我敢肯定，每個聽了這個故事的人都會用力地點頭，想著，他當然應該憐憫他的同伴，這誰都看得出來。接下來的發展是：

主人就大怒，把他交給掌刑的，等他還清了所欠的債。（18:34）

理當如此！任何一個如此忘恩負義的人，都應該還清他的欠債。這不是什麼不得了的懲罰，只是要這個惡僕履行原本的安排而已。他既然欠了債，就得還清。到目前為止，一切順利。

但是接下來那句話，也就是耶穌結束時所做的聲明，卻十分地巧妙。沒有人料到故事會這樣發展。如果彼得還在納悶這個故事和他原本的問題有何關係的話，答案即將變得極為清楚。耶穌說：

「你們各人若不從心裡饒恕你的弟兄，我天父也要這樣待你們了。」（18:35）

如果說這則寓言的意義在一開始並不清楚，那麼現在顯然清楚了。寓言中的王代表上帝。債務得到赦免的僕人代表了所有被神免除了罪債的人。而欠第一個僕人錢的那個人，你應該已經知道了吧？他代表的就是那些曾經對我們做了什麼，而我們就揪著不放，一直拿那些事去責怪他們的人。這些人冒犯了我們、傷害了我們、令我們難堪、拋棄或拒絕了我們。他們是虧欠我們的人。他們是我們有正當理由要他們還債的人。

但耶穌的意思再清楚不過了：取消他們的債務，原諒他們——否則……

告訴一個被人佔了便宜的人這樣的事，是多麼可怕啊！也許你正想著：「等一下！我已經受過一次傷了。我是受害者。現在你告訴我如果我不原諒那個人——他根本不配得到原諒——那麼神就不會饒過我？這是怎麼回事？」

新的視角

老實說，當耶穌說「我天父也要這樣待你們了」，我不能確定他真正指的「對待」是什麼，但顯然那不會是件好事。這句話很清楚地是對那些拒絕寬恕的人發出的嚴厲警告。彼得得到了他的答案：每一次都要原諒。如果你不這麼做，你會付出沉重的代價。也許彼得明白了其中的尖銳意味，也許他不明白。

容我做個總結：如果我們堅持要別人為他們對我們做的錯事付出代價，那**我們**將會是付出代價的那個人。反過來說，如果我們免除了別人欠我們的債，**我們**也將得到赦免。

我們對這個寓言的負面反應，顯示了我們的天真無知。從我們的角度來看，我們完全有權力堅持直到對方債務還清為止。但是從神的角度來看，這可能是我們所做的最具毀滅性的事情了。

也許並沒有一座真正的監獄關住了那些心懷怨恨的人。但當我們緊抓著別人欠我們的債不放時，我們肯定是將自己關進了某種無形的監牢中。當耶穌給我們這樣嚴厲的警告時，也許他的心裡是這麼想的：「如果我們要求別人償債，我們自己也要償債。」他的警告是嚴峻的，忽略它的後果是嚴重的。未解決的憤怒有著多層的意涵。

如果你對憤怒的經驗和我類似，那你會知道耶穌的警告並未誇大。

你的痛苦不是拿來展示的戰利品，也不是拿來在嘴上說的故事。它可能毒害你的靈魂。拒絕寬恕就是選擇自我毀滅。

第14章 完成寬恕的循環

直到幾個月後，當彼得注視著掛在羅馬十字架上的耶穌時，他才明白了那個忘恩負義僕人的寓言的深刻意義。如果這是他得到寬恕的代價，那麼他有什麼了不起，竟能扣住這寬恕不讓別人得到？神寬恕彼得，代價是祂兒子的死；彼得寬恕得罪他的那些人，代價不過是他的自尊。

對我們而言也是如此。

在傷害的陰影下，我們感覺寬恕就像是要獎勵傷害自己的敵人。但是在十字架的陰影下，寬恕只是一個不配得到這寬恕的靈魂送給另一個靈魂的禮物。寬恕是一份禮物，確確實實地將我從苦毒與怨恨築成的囚牢中解放出來。當我得到了神的赦免時，我就脫離了罪的刑罰；當我向敵人或傷害我的人伸出寬恕之手時，在某種意義上，我也從他犯的罪行中解放出來了。

這就是保羅勸勉世人的這段話中背後的力量：「並要以恩慈相待，存憐憫的心，彼此饒恕，正如上帝在基督裡饒恕了你們一樣。」(以弗所書 4:32)

只有得到上帝寬恕的人，保羅所說的那種寬恕對他們才有意義。保羅之所以命令以弗所的信徒們無條件地寬恕，是因為他寫信的對象是「基督徒」——無論男女，這些人都透過基督經歷了神的寬恕。

每當我輔導那些對寬恕躊躇不前的人時，我發現他們總是從**對他們做了什麼**，而不是從**為他們做了什麼**的角度來衡量自己的決定。這其中有很大的差別，因為看事情的角度決定了一切。

身為一位信徒，我得到救贖與釋放，是為了從十字架的角度來看待寬恕這件事。正如耶穌那個寓言中所說的僕人一樣，我已經被免除了我永遠償還不了的債務，那麼我能做什麼呢？我至少可以取消別人欠我的債務吧。這就是「正如上帝饒恕我一樣去饒恕人」所代表的意思。

如果你是個基督徒，你被期許的不是像別人對待你一樣地對待別人；而是像天父對待你一樣地對待別人。你饒恕不是因為別人值得饒恕；你饒恕是因為你已經被饒恕。

寬恕是一份禮物

保羅談的不是一次性的寬恕，他指的是一種心態、一種習慣。對那些努力不讓心靈受到憤怒及苦毒所荼毒的男男女女，寬恕是一種生活方式——在面對傷害和沮喪時，寬恕是第一道防線。

在保羅的時代，希臘語中有兩個不同的字可以用來表達寬恕的概念。保羅在這個告誡中所選擇的用字傳達了「寬恕是一份禮物」的想法。寬恕是一份禮物，我們要持續地分送出去——就像是個總是準備好零錢送給自己孫子的祖父一樣，我們也總是準備好，一有機會就寬恕人。

具體地說，我們被要求要免除債務，越快越好。

這不意味著寬恕是我們立刻就能感覺到、或是覺得想要去做的事。我不知道我是否曾經**覺得**想要去寬恕。寬恕和我們對正義公平的感受如此背道而馳，以至於我們不可能會**覺得**想要去原諒。

但是，在聖經中，寬恕從來都不是一種感覺；寬恕始終被描述為一個決定。寬恕是無論感覺如何，我們都決定要給予的一份禮物。

清除憤怒的四步驟

人們必須經過四個時期，才能完成寬恕的循環。我不太想稱它們為「階段」，因為它們更像是過程。

1. 找出你憤怒的對象

這聽起來似乎有點愚蠢，但事實並非如此，因為寬恕並不只是忘了過去、繼續過你的生活而已，「忘記一筆債務」和「免除一筆債務」並不是同一回事。我建議你列出錯待過你或是利用過你的人的名單。你想回溯到多久以前都可以，但是不要以為你「把事情拋在腦後」，就代表你原諒了某人。

誰是你再也不想見到的人？你發現自己在想像中和誰對話？如果你可以僥倖逃過懲罰，誰是你最想要報復的人？誰是你暗地裡希望看到他一敗塗地的人？將你生活的每個部分都檢視一遍——家人、朋友、前男／女友、前夫／妻，過世的父母、同事、教練、老闆。我知道這不是件好玩的事，但是它非常重要。這是一個機會，將那些妨礙你最珍視的人際關係的垃圾從你心中清除掉。努力是值得的。列個名單出來。

2. 確定他們欠你什麼

這是大部分人都會略過的一個步驟。因為我們對寬恕的想法是模糊、概略的，而不是明確、具體的。這就是那個忘恩負義僕人的寓言如此有用的地方。就像王免去了那個僕人所欠的具體金額一樣，我們也必須明確地確認那些傷害過我們的人到底欠了我們什麼。

你知道那個傷害你的人**做過**什麼，但是他們到底**奪走了**什麼？除非你知道這個問題的答案，否則你可能會在經過寬恕的過程後，還是體驗不到自由。這句話我聽過一千遍了：「但是我已經原諒他了呀！」

通常人們會用強烈的語氣說出這句話，強烈到人們可以明顯感覺到寬恕並沒有真正發生。

籠統、**模糊**的寬恕，無法治癒**具體**、**特定**的傷害。準確指出他們從你身上奪走了什麼，這一點非常重要。

你名單上的人欠你什麼？他們從你身上奪走了什麼？他們需要歸還什麼才能讓事情回復原狀？是道歉嗎？金錢嗎？時間嗎？婚姻嗎？家庭嗎？工作嗎？名聲嗎？機會嗎？升遷嗎？人生的一章嗎？

要具體。你不能取消一筆你沒有確認過內容的債務。

3. 免除債務

在確定到底被奪走了什麼東西之後，你必須將債務一筆勾消。那就意味著決定**那個虧負你的人再也不欠你什麼了**。正如基督在加略山（加爾瓦略山）上免除了你的罪債一樣，你和我也必須免除其他人向我們所欠的債。

這裡提供一個簡單的方法，你可以在心裡默默做出一個決定，或者你可以用某個更具體的東西為這個決定做個標記。

在我父親的書《寬恕的禮物》（*The Gift of Forgiveness*）中，他講述了他如何標記他原諒繼父約翰的那一天。他坐在一張空椅子的對面，像是他的繼父就在他面前一樣地說話。他詳細述說了這些年來他責怪約翰的一切事情，然後宣布他已經得到了寬恕。當他結束這場「談話」時，他起身走開，他已經有能力將憤怒與怨恨拋在腦後了。每當那些舊感覺開始翻騰時，我父親阻止它們的方式就是提醒自己，這些問題都已經解決了。約翰再也不欠他什麼了。

我聽過有人將虧負他們的人做成一個名單，然後放進信封裡燒掉，接著宣布那些債已經一筆勾消了。我認識一位女士將她的名單埋在後院裡。我還聽過另一個傢伙把他的名單釘在一個十字架上，提醒自己基督也曾為這那些罪受難。

將寬恕的決定實體化是有好處的。對於傷害發生在過去的人而言，這樣做尤其有幫助。但是對於日常的冒犯，一個迅速、簡單而具體的宣告就足夠了。以下是個例子：

天上的父啊，○○○奪走了我的△△△。我牢記著這筆債務已經夠久了。今天我將它一筆勾消。○○○再也不欠我什麼了。正如祢寬恕了我，我也選擇寬恕○○○。

人們經常問我，是否有必要告訴那個你寬恕的人你已經寬恕他了。我的看法是，沒有必要。事實上，這樣做弊大於利。在許多情況下，冒犯人的那方並不覺得自己從一開始就做錯了什麼。告訴他們你決定原諒，可能會被當成是種控訴。適合這樣做的時機，是當有人請求你原諒他們，或是當他們回頭為了過去發生過的一件事而向你道歉時。除此之外，寬恕是你和上帝之間的事。

4. 撤銷事件

寬恕的最後一個過程，是決定不再翻舊帳。讓這個決定如此困難的原因是，我們的感覺不會自動追隨我們去寬恕的決定。除此之外，原諒某個人並不能抹去我們的記憶。

如果我們可以寬恕並且忘懷，整件事就會容易得多了。但是在大多數情況下，往往我們一原諒，就會碰巧發生某件事，再次提醒我們過去所受的冒犯。而當我們的記憶受到觸動時，舊的感受就會再次湧現。

此時，我們的回應通常不出以下兩種：不是照著那次冒犯在腦中想像整個過程、重新提出控訴，就是試著不去想它，把心思轉移到別的地方。

這兩種回應都不適當，也沒有幫助。當過去傷害的回應湧現你的腦海時，**勇敢地上前去面對它們**。讓自己記住這件事。你甚至可以讓自己去感覺那些回憶所喚起的情感。但是與其重新對你的冒犯者提出控訴，不如把握這個機會再次重申你的決定：「他／她不欠我了。」

接著，感謝你天上的父親給了你寬恕的恩典與力量。不要相信「你還沒有真正地原諒」這個謊言，將你的注意力放在債務已經一筆勾消的這個事實上。你怎麼知道的？因為你已經決定將它免除，出於你的意志。感覺來來去去，但是決定始終是決定。你已經決定他／她不欠你！

你的記憶不是你的敵人，記憶就是記憶而已。你如何對待你的記憶，將決定它們的影響。真正的寬恕並不必然帶來徹底的遺忘。

當然，人們常忍不住從自己對冒犯自己之人的**感覺**，來判斷自己是否已經原諒他了。但是你對某個人的感覺並不是一個準確的衡量標準——事實上，你的感覺通常是最後一個跟上的。但是隨著時間經過，只要你牢記著「這個人再也不欠你什麼了」這個事實，你的感覺一定會改變。總有一天，你可以根據他或她與基督的關係，而不是根據那個人如何對待你，來回應你的冒犯者。

等待償還是徒勞無功的事

有關寬恕最需要我們追問的一個問題是：「因為東西曾經被人奪走，我想得到償還，這難道是錯誤的嗎？」答案是否定的。想要得到償還並不是一件錯事。問題是，在大多數情況下，償還已經被奪走的東西是不可能的。耶穌的寓言再一次說明了我們所面臨的困境。

無論怎樣處理這個情況，免去僕人債務的王都會損失一大筆錢，因為僕人欠他的錢遠遠超過他所能償還的數目。恢復原狀是完全不可能的。即便賣掉那人的妻子、兒女和所有財產，也只是王應該得到的全部金額的零頭而已。我們的情況也是如此。

每當我詢問人們，那些傷害他們最深的人從他們身上奪走了什麼，以及要讓事情恢復原狀需要採取什麼行動時，他們看起來總是有點困惑。他們忽然間明白，那些人欠他們的是一筆無法償還的債務。

一個拋棄了自己孩子的男人真的可以取代他從他們身上奪走的東西嗎？一個讓父母多年來嘗盡各種煎熬的孩子，償還得了他奪走的東西嗎？如何恢復時間、情感？一個母親如何補償她成年的女兒，如果她在她還是個孩子時不曾陪在她身邊？你無法補償一段失去的感情。你無法償還一個人的聲譽。你無法彌補多年來的批評與忽視。如何償還你的天真無邪和你的純潔？

這些都是還不了的債。最好的辦法就是將它們一筆勾消。事實上，沒有任何東西能彌補過去的一切。傷害中有一種情感的成分，是無法透過道歉、承諾或金錢賠償來彌補的。一個道歉抹去不了一段經歷。

在某種程度上，永遠都有未清償的債務。追求或等待「償還」是徒勞無功的。那種事不會發生。**不可能**發生。堅持下去只是讓自己苦嘗不必要的心碎滋味。等待償還的同時仍糾結於傷害不放，就是讓苦毒的種子在心中生根茁壯。當這樣的情形發生時，我們就讓傷害我們的人再次傷害我們，一次又一次。

向另一個靈魂宣告

根據我的經驗，當一個人發現他有心臟病時，他最關心的不是這病是從哪裡來的、是誰的錯讓他得了這病。他最關心的是：「我該如何把這病治好？」

事關污染內心的憤怒時，我們也應該在同樣的關切下採取行動。責怪無法讓我們變得更好，堅持要求對方的道歉同樣於事無補。治療方法就是寬恕。你也許需要花一點時間來處理過去未能了結的事，但願本章所述的四個過程有助於這件事的進行。在一個麻木不仁及不公不義是常態而非例外的世界裡，寬恕必須成為生活中的一個習慣。

在我們討論的四種可怕力量中，我認為這個力量——有意和無意的傷害所帶來的未解決的憤怒——最具有毀滅性。但是在某方面，它也是最容易克服的。你只需要下定決心將債務一筆勾消即可。你只需要決定並宣告：「你不欠我，你不欠我，你再也不欠我什麼了。一個被寬恕的靈魂向另一個靈魂宣告：你不欠我。」

第15章 正視貪婪

罪惡感說：「我虧欠你。」憤怒說：「你虧欠我。」貪婪則是說：「我虧欠自己。」貪婪的人認為他已經靠自身的努力獲得了他所得到的好東西，所以他可以用他認為合適的方式來控制他的財產和財富。貪婪的人擁有巨大的所有權意識。

但是大部分貪婪者不知道的是，貪婪是由恐懼所餵養。一旦剝去所有藉口以及無止境「萬一……不足的話怎麼辦？」的想像，你會發現一顆充滿恐懼的心。具體地說，貪婪者害怕上帝不會看顧他，而如果連上帝都不看顧他，還有誰會呢？所以貪婪的人就自己去取得並保有他們所需要的一切，好提供他們渴望的安全感。但是就像所有人類的慾望一樣，對於金錢安全感的胃口永遠沒有完全滿足的一天，永遠都不夠。所以他們只能持續不斷地去獲取、積存及自我耽溺。

在〈箴言〉中，不是也有經文鼓勵我們要為生命中可能發生的不測做好準備嗎？這樣說起來，去努力獲取東西似乎也稱不上有什麼錯。

然而，這其中的挑戰是要去分辨出這個特殊的心靈敵人。正如我們說過的，這個壞蛋有能力把自己偽裝成一種美德。貪婪的人往往是儲蓄者，而儲蓄是件聰明的好事。貪婪者不希望在他們年老的時候，自己的孩子要承擔照顧他們的經濟負擔，所以先存好足夠多的金錢，這當然沒有什麼錯。

也許，或多或少而言，貪婪是件好事。但事實真的是這樣嗎？

大穀倉症候群

對於貪婪這個問題，耶穌曾經直言不諱地說：「你們要謹慎自守，免去一切的貪心。」（路加福音 12:15）

為什麼耶穌要以一句警告開始他對於貪婪的論述呢？因為他在當時就已經知道我們剛剛才開始發現的事情了：貪婪可以在心裡落腳並居住多年，而我們卻不知不覺。沒有防備的心，十分容易染上這種令人衰弱的心靈疾病。診斷很困難，尤其是自我診斷。

耶穌繼續揭露餵養所有貪婪的謊言：「人的生命不在乎家道豐厚。」但這不是每個人都知道的嗎？難道真的有人會相信他們所擁有的財產就等於他們的生命？答案是否定也是肯定的。不是每個人都知道這件事。是的，真的有人相信你的生命就是你所擁有的一切的總和。而今天，許多人比我們想像的更容易擁抱這種信念。

耶穌從這裡開始講述有關一位財主的寓言。這位財主的土地收成遠超出他的預期，他的好運讓他陷入了兩難：他沒有地方來收藏這些豐饒的收穫。於是他心想，我的收成沒有地方收藏，怎麼辦呢？換言之，我要如何處理我努力工作才得到的這一切呢？這個財主沒有地方來「收藏」他的糧食——這就是農人口中的「儲蓄」。他需要的是一個「積存」他的儲備物的地方。

在一個看天吃飯的農業社會，一個人的豐盛收成與辛勤工作顯然沒有什麼關係，因為農人總是受制於他們無法控制的因素。但是貪婪者並不這樣看待這個世界——他們認為他們得到的東西，都是他們**努力贏得**的。這個財主認為是他贏得了這次的豐收，所以他從來沒想過上帝可能與這件事情有任何關係。即便他認為這次的豐收應該歸功於上帝的祝福，他的腦海中也從來不曾浮現過下面這個念頭：他所得到的額外賞賜，是為了分享給他自己以外的人。

很清楚地，上帝給了這傢伙額外的賞賜。他應該要問的問題是：「主啊，你希望我拿這些多出來的東西做什麼呢？」我希望你可以把這句話大聲說出來。準備好了嗎？「主啊，你希望我拿這些多出來的東西來做什麼呢？」再試一次。

但是貪婪的人不是這麼想的。老實說，我有時也不這麼想，那你呢？當我有一點餘裕的時候，我總是想，我真幸運啊！就像這個寓言中的財主，我總是能想出一個計畫來處理這些多出來的財物。我通常認為這些都是為我預備的。畢竟這是我努力的成果，所以這是我應得的，我要把它儲藏起來。這正是這個財主決定要做的事：「我要這麼辦：要把我的倉房拆了，另蓋更大的，在那裡好收藏我一切的糧食和財物，然後要對我的靈魂說：靈魂哪，你有許多財物積存，可作多年的費用，只管安安逸逸地吃喝快樂吧！」（路加福音 12:18-19）

更大的穀倉！真是個好主意！這可以解決所有問題，他將可以一勞永逸。

這個寓言中的財主罹患了「大倉症」——大穀倉症候群。大倉症是那些心靈受到貪婪汙染的人經常罹患的一種病。仔細想想，我岳父其實就是靠著那些有大倉症的人謀生的。他在喬治亞州中部擁有許多小型倉庫，這些倉庫裡堆滿了人們家裡裝不下的東西，大部分都是些垃圾。但是當那些垃圾值點錢時，它們也能拿來換錢。

反過來說，能變成現金的垃圾，原本可以用在更好的地方，幫助那些不富有的人。但是這樣的事並沒有發生，這些人決定租一個更大的穀倉。你知道為什麼嗎？因為他們想：「有一天我可能會用到。」就為了萬一他們哪天可能會需要那個東西，他們就決定要儲藏它。

好消息是，我的岳父是個十分慷慨的人。他提供空間收容他顧客那些「萬一可能有用」的垃圾，每月向他們收取租金，並將這筆錢的一部分拿來支持有價值的公益事業。他因良好的管理而受到信賴，而他的顧客則為他們的「東西」付租金。這實在有點諷刺。所以，如果你住在喬治亞州中部並為大倉症所苦，就給鮑伯打個電話吧，他會將你的錢用在更好的地方。

現在，回到我們的故事吧。

在宣布了要建造更巨大穀倉的想法之後，這位財主解釋他為什麼選擇這樣做。記住，貪婪總是找尋一個「好的」東西，然後躲在它的後面。例如，這個人決定建造更大的穀倉，理由是為了保障他的未來。現在他將擁有他未來「多年」所要用到的所有東西。這並沒有什麼錯。多虧了有紀律的規劃並把握儲蓄的機會，他的孩子才不用在他年老時照顧他。

如果故事就此結束，我們可能會認為這位財主是個榜樣。但是故事並沒有結束在這裡，不會有故事是結束在那個地方的。儘管財主確實對人生的各項所需進行了詳細的規劃，但他考慮得還不夠遠。某方面來說他是對的，他的確需要考慮他的未來，但不是以他所想的方式。他以為自己的人生還有很多年，但正如他在評估自己的豐收時忘了把上帝考慮進去一樣，他在數算自己剩下的年歲時，也忽略了上帝的因素。

他以為充裕的物質生活可以確保他擁有充裕的時間，但是這兩者之間沒有任何關係。就在財主決定留下他所賺一切的那一天，他卻失去了一切。或者更準確的說法是，**他的一切失去了他**。

就在財主和穀倉翻修專家講完電話後，他接到了一個令人震驚的消息：他今天晚上就要死了。他即將學到一個令他難以承受的教訓：他所擁有的財產數量並不等於他的生命長短。**在他用完他的東西之前，他會先用完他的時間**。

事實證明，這個財主比他自己以為的還要依賴上帝，因為他所分配到的時間完全取決於上帝。不幸的是，他不明白他所分配到的財物也同樣取決於神。

當上帝告知這個壞消息時，祂也問了這位財主一個對每個人都有深遠意義的問題：「你這個糊塗人，就在今夜，你得交出你的生命；那麼，你為自己所積存的一切財物要歸

給誰呢？」（路加福音 12:20）

這個問題的答案應該是顯而易見的：歸給**另一個人**。到了最後，另一個人將得到他「賺得」所以也「應得」的一切，然後儲蓄起來。到了最後，另一個人將擁有他為自己積存的那些財物，而不是依靠上帝的供應。而最終，他的所有一切也都會分給其他人，不是因為他慷慨大方，而是因為他死了！這就更加諷刺了。

「糊塗財主」的寓言引導我們注意到一個明顯、但經常被忽略的現實：最終，我們宣稱擁有的一切都將歸他人所有。到最後，人們所擁有的一切都會被分送出去。所以，以為我們所得到的一切都是為了讓我們自己使用的想法十分短視，也很愚蠢。這不是一件有疑問的事情，這是一件確定無疑的事，問題只在於**時間**和**方式**而已。我們不是在還有時間時將這些財物分出去，就是當時間用盡時讓人將這些財物拿走。

耶穌以一個嚴峻的警告結束了他的預言：「凡為自己積財，在上帝面前卻不富足的，也是這樣。」（12:21）

這就是耶穌對「貪婪之人」的定義：一個為自己積存財物，在神面前卻不富有的人。在耶穌的話中，「在神面前富足」就是在需要幫助的人面前慷慨大方。貪婪的人就是小心翼翼地儲蓄、吝嗇地付出的人，不論男女。

但是耶穌想要藉著這個警告傳達什麼呢？如果我們只對儲蓄大方，對於付出卻吝嗇，他說我們會發生什麼事？死亡嗎？我不這麼認為，不論是吝嗇或大方的人，死亡都是必定會發生的事。意外死亡嗎？我也不認為。我認識一些慷慨的人，也在意外中去世。相反地，有一些非常貪婪的人卻活到了**很老**——令他們貪婪的親戚們懊惱的是，他們就是死不了。

完全的失去

這個故事的真正寓意是：那些對儲存財富的熱中遠勝於付出意願的人，當他們的生命到盡頭時，將會遭到完全的失去。那位財主的命運在死亡時遭到了完全的翻轉：他失去了今生的一切，而在下一世中也沒有什麼可拿來炫耀的。他不僅失去了生命，還失去了他認為是「生命」的一切。他在世上富足，在神面前卻貧窮，因為他將所得的一切僅用於自己的私人消費。

用耶穌的話來說，他是個糊塗人。他可能是一個大多數人都會羨慕的人，但他是個糊塗人。他也可能是一個許多人都會想要效法的人，但他仍是個糊塗人。這個財主糊塗到一種程度，他竟然認為物質上的富裕就意味著充裕的時間。他也糊塗到以為他的好運是自己努力工作的結果。他糊塗到明知當死亡降臨時，他就會失去一切（包括任何進一步展現他的慷慨的機會），卻從沒有將自己的財富分一些給沒有那麼幸運的人。

正如米儂・麥羅夫林（Mignon Mclaughlin）曾在《神經質之人的第二本筆記本》（*The Second Neurotic's Notebook*）中所說的：「『要錢還是要命？』當一個賊向我們提出這樣的要求時，我們都知道該怎麼辦，但是當上帝這樣要求時，我們卻不知道。」

這個糊塗財主的寓言告訴我們兩件重要的事：首先，它從上帝的角度定義了什麼是貪婪。其次，它提供了簡單的補救措施。對我們而言，問題在於上帝對貪婪的定義比大多數人樂意接受的要寬泛一點，而無可避免地，貪婪的解決方式是非常實際的那一種。

簡單地說，解決辦法是養成習慣。這種習慣具有一種力量，可以將我們的心從貪婪的轄制中解放出來。

第 16 章
慷慨的力量

有個問題，我們應該要常常捫心自問：「我為什麼要擁有這麼多東西？」

我知道你擁有的並沒有你想要的那麼多（只有很少人是這樣），但我要再一次重申，我們對財物的慾望就像對其他東西的慾望一樣，永遠不會有完全滿足或是終於滿足的時候。我希望你花一點時間，將你的注意力從你**可能獲得**的財產和收入轉移開來，考慮一下你**實際**的財產與收入。想想看你所擁有的一切。你擁有的很可能已經超過了你的父母在你這年齡時所擁有的，或許也比世界上大多數人能擁有的還要多得多。你有想過為什麼是你嗎？為什麼你要擁有這麼多東西？

我們需要偶爾放慢腳步，強迫自己去面對這個問題。為什麼？因為一個由消費者所驅動的文化，會讓我們極端專注於**自己所沒有的東西**，而太聚焦在自己的匱乏上，會容易讓我們的心受到貪婪的入侵。

這個循環是怎麼形成的？很簡單，只要我追求擁有更多，那麼當我真的得到更多時，我就會以為那些全部都是要給我的，本來就是我該得的。只要我是為了下一次購買、下一次升級、下一次……而活，那麼我的心就是在消費那些我希望我的肉體也能很快消費的東西，我等於是預做了未來的消費——沒有止境的消費和賺取，這樣的態度幾乎沒有為心靈留下「慷慨」的餘地。而在意識到這件事之前，我們已經在建造更大的穀倉、車庫，或是打電話給鮑伯了。

所以，讓我再問你一次：「為什麼你要擁有這麼多東西？」在前一章的故事中，那個富有的財主認為那是他應得的，他沒有意識到在他豐收背後的神聖意旨。我相信你不像他那樣短視，那麼讓我用這方式再問你一次：「為什麼上帝要給你比你**需要**的更多的東西？」

如果這個問題讓你不太舒服，再想想這個問題：在過去，當你擁有的東西還不夠多時，你猶豫過要不要問上帝有關你有所缺乏的事嗎？你可能一點也不會猶豫，會立刻讓祂知道你需要祂的幫助。如果你像我一樣，你還會讓祂知道你希望祂提供什麼給你。而當祂滿足了你的需求時，你做了什麼？你感謝祂，也許會跟一些人分享你的故事。然而，如今你已經在另一邊了，你擁有的東西已經綽綽有餘了，為什麼你沒有問問上帝對這件事的看法呢？

當我們擁有的不夠多時，我們想知道為什麼。為什麼當我們擁有的太多時，卻不想知道了呢？

沒有餘裕的困境

糊塗財主的寓言清楚說明了「神為什麼要讓我們擁有比我們需要的還要更多的東西」。但是，在走向這個必然的答案之前，讓我們想想是不是還有其他選項。

有什麼其他可能的答案呢？神給了我們比日用所需更多的東西，還可能是基於什麼原因？也許，你擁有的比需要的更多，是為了確保你的孩子擁有他們所需的一切？

這就是上帝供給你那麼多東西的原因嗎？可能不是。事實上，留給孩子或是贈與孩子大量的金錢，通常不會幫助他們在生活中得到成功。在我的輔導生涯中，我從未聽過任何人說：「我的問題是來自父母沒有留給我足夠的錢。」但是世界上卻充斥著一種人，他們的問題正是來自於他們得到了自己不應得到的錢。我不認為上帝給了你這一切，目的是為了毀掉你的孩子。

也許上帝給了你富裕的生活，是為了讓你不必憂心？也許祂希望你倚靠你積累起來的資產來得到心靈的平安。但是我猜那也不是真正的理由。一般來說，一個人累積的越多，他就越擔心他的財富。此外，心靈的平安是聖靈的果實，而不是積累財富所帶來的副產品。擁有的財富越多，想到它的時間就越多，對它感到的憂慮也越多。

還有第三種可能的答案：或許上帝提供多的東西給你，是為了提升你的生活水準，讓你的生活型態升級？畢竟，在這個國家，所有人進入成年時，都會以為我們的**生活型態**應該要與我們的**收入**並駕齊驅。事實上，多虧了信用卡的發展，許多人的生活型態已經稍微超出他們的收入了。但無論如何，我們總是被敦促不要讓其中一個落後另外一個太遠，結果就是我們假性地引發了財務的壓力。

「假性的？」你說：「我的財務壓力感覺起來可不像是假的。」你覺得那不像假性的原因，只是因為維持你生活型態的成本是非常真實的——你真的必須支付你的有線電視帳單、你的手機帳單，以及信用卡帳單。但是那些帳單的存在，正是因為你選擇過一種與你的收入並駕齊驅（或是超過你的收入）的生活。你說服了自己相信所有那些奢侈品全都是**必需品**——沒有它們，你的生活就會過不下去。這種膨脹的生活觀念創造了財務壓力，但是這種壓力是假性的。只要把你的生活水平調降個一兩級，壓力就會慢慢消退了。

想想看，不管一個人能夠賺到多少錢，如果他沒有留給自己任何餘地，他的心靈就不會有平靜。更糟的是，如果你在把薪水存進銀行之前，所有的錢就已經用光，貪婪就會毫無困難地侵入你的心。因為你得到的每一筆收入都已經有用途了，你早就計畫好要怎樣用掉那些錢。在財務毫無餘裕的情況下，想要更多的貪婪心態是無法避免的。當壓力出現時，我們別無選擇，只能先想到自己。

這就是貪婪的本質。你不需要真的擁有更多才會變得貪婪。只要你打算將所有得到的財物都花在自己身上，你就是候選人。如果你讓自己的生活型態與收入緊密同步，甚至讓它超過你的收入，你會發現，你幾乎不可能阻止貪婪在你的內心裡生根成長。

讓你提早退休的原因

除了前面三種答案外，這個問題還有另一個選項可以考慮：也許上帝給了你更多的收入，是為了讓你提早退休。這就是那個寓言中的財主心裡所想的事。但是，就像他從來沒有想過要好好地、慷慨地使用他的錢一樣，他也從來沒有想過要好好地、慷慨地使用他的時間，他反而是對自己的靈魂說：「靈魂哪，你有許多財物積存，可作多年的費用，只管安安逸逸地吃喝快樂吧！」（路加福音 12:19）

多虧了勤奮工作和好運氣，有些人可以提早將他們的公司套現，拿到一大筆錢。但是他們並沒有前往佛羅里達度假，將自己的生活與責任拋諸腦後，而是決定將他們的領導能力和商業技巧重新投入到當地的教堂上。這些人已經成熟得足以意識到，上帝將他們的時間解放出來，並不只是為了讓他們「吃喝快樂」。他們了解自己的「自由」時間是一種資源，需要負責地進行管理，因此他們選擇將這些時間重新投注到上帝的國度中。

教會裡還有一種人，他賺到了夠多的錢，在四十出頭時就舒舒服服地退休了。他也以為上帝希望他將他的精力投入到全職的服事工作上，但是經過一連串的經歷，他終於意識到上帝賜予他的是賺錢的天賦，那才是他的事工，於是他就回去工作了，但並不是為了極力擴大他的個人投資，他重返工作崗位的目標，是要資助世界各地的服事工作。

這種人避免了罹患大穀倉症候群的問題。雖然他們和那位財主一樣，最終擁有的都比需要的更多，但是他們都曾明智地停下來問自己：**為什麼上帝給我的比我需要的更多？**而時間到了，答案自然就會變得清楚了。

如果上帝比你預期地更快裝滿你的穀倉，原因也許是因為這樣祂才能比你計畫的更早將你從市場帶開。現在是開始問「為什麼我擁有的時間和資源比我實際需要的更多？」的時候了。等時候到來，答案自然就會清楚了——當你用盡了你的時間，你在永世裡將有可以向人誇耀的東西。在神面前，你將是富足的。

戰勝貪婪

還記得當你有兩塊餅乾，而你的妹妹只有一塊時，你母親告訴過你的話嗎？她不會說：「快，在她從你那雙貪婪的小手中搶走一塊前，快把兩塊餅乾都吃掉！」她會說：「要分享喔。」

當我們看著自己的孩子或姪子姪女擁有超過他們所需的東西，而他們的朋友或手足卻沒有時，我們會告訴他們什麼？我們會要他們分享。看著一個有兩塊餅乾的人在一個一塊也沒有的人面前吃餅乾，這似乎不太對，不是嗎？我們會覺得必須說或做點什麼才行。也許那就是耶穌為什麼會說：「有求你的，就給他；有向你借貸的，不可推辭。」（馬太福音 5:42）

想像一下從神的觀點來看世界吧。想像一下你可以看到世界上所有擁有兩塊餅乾以及一塊餅乾也沒有的人。如果你可以同時間看到他們，你也會告訴每個人要分享。如果神給你的賞賜超過**你的所需**，那是因為這樣你就可以**將你的富足分享給那些有需要的人**。擁抱這個簡單的事實，是讓你的心靈擺脫貪婪的關鍵。

懺悔戰勝罪惡感。

寬恕戰勝憤怒。

慷慨戰勝貪婪。

慷慨付出會讓你的生命不再受到貪婪的支配。所以無論你是否**認為**自己擁有的已經夠多了，都要慷慨地付出。你要付出到你可能會被迫調整自己生活型態的程度。如果你不願意做到那樣的程度，那麼根據耶穌的說法，你就是個貪婪的人。如果你消費到幾乎沒有什麼可以給人的程度，你就是貪婪的。如果你消費並儲蓄到幾乎沒有什麼可以給人的程度，你就是貪婪的。

我知道，這實在是個非常強烈的說法。實際上，這很嚴苛。

但這是真實的。

也許你很難接受這說法，因為你覺得你一生中從未有過貪婪的念頭，在你心裡，你也是真的想要幫助別人。你**想要**付出，卻無法付出（或者你不會真的這麼做），這是為什麼？因為你害怕你擁有的不夠，但是你的心又真誠地同情那些需要幫助的人。這樣的話，說你貪婪公平嗎？公平。因為貪婪不是一種感覺——貪婪是拒絕去行動。

你可以對那些需要幫助的人感到同情，但同時又像守財奴一樣地貪得無饜。貪婪不是從你的感覺，而是從你的行為看出的。慷慨的感覺、良善的意圖都無法抵銷一顆貪婪的心；事實上，善意與貪婪可以無止境地共存於你的心中。這就是這個隱蔽的敵人對心靈構成如此巨大威脅的原因。你也許從未像你感覺到憤怒、罪惡感甚至嫉妒那樣地**感覺**到貪婪，但是貪婪就在你的心中。它十分危險，可能會讓你失去一切。

百分比給予者

就像你不能等到你健康狀態良好了才開始鍛鍊一樣，你也不能等到你不再害怕付出的時候才開始付出。不是要等到上帝改變你的心時，你才開始付出。「給予」是上帝改變我們心靈的方式。隨著你的心改變了，你的態度和感覺也會隨之轉變。上帝喜愛快樂的給予者，但是無論你是否快樂，祂都會善用你的錢。我的建議是：不斷付出，直到你快樂起來為止。

就像我說過的，我們必須付出到影響我們生活型態的程度，只有這樣做才能破壞貪婪的威力。最好的付出方式就是成為一個「百分比給予者」。百分比捐贈是指從你得到的一切當中撥出一定的百分比給予他人，在你一得到東西時就捐贈出來。舉例來說，當你存入你的薪資後，你開出的第一張支票就是捐給支持上帝國度工作的組織（單一或一個以上）。這也是讓你在神面前變得富足的方法之一。在新約時代並沒有這樣的組織，所以信徒們的捐贈對象是自己的敬拜場所和窮人。我們現在有許多的選項。選擇一、兩個，然後開始吧。現在就開始。

開這張支票時，首先要確保神的國度比你的國度先拿到資金，剩下的錢才用來生活。如果這讓你感到害怕，那就從一個低的百分比開始，比方說百分之二。這樣你將不會漏掉它。每年提高一個百分點，直到你捐出至少百分之十或十二的收入。給予到這樣的程度，是你調整生活型態的證明。不過，百分比捐贈只是個開始而已。

你還必須是個自發的付出者。當你看見某個人有需要時，給予。那不就是當你有需要時，你期待上帝為你做的嗎？那麼就去做吧，邁出第一步。如果你有多餘的東西，而某個人有所欠缺，你就分享。那就是你之所以有所剩餘的原因。

百分比捐贈及自發性的給予，這兩個習慣將保護你不會罹患大穀倉症候群。有一天，當你得到一筆意外之財，而你的第一個念頭是：**我可以幫助誰？我可以贊助那一項公益的事工？**那一刻你會知道，透過慷慨給予的習慣，你已經破壞了貪婪在你生命中的力量。

那是個改變一切的習慣。

上帝的管理者

在結束這一章前，我想要澄清一件事：有錢並不是壞事。**不知道你為什麼會有錢**，才會造成麻煩。無論你富有的原因是勤奮工作、良好的商業頭腦、精明投資、家族遺產，或者單純只是運氣好——無論如何，你都沒有理由因為擁有一大筆錢而感到難過。再說，那些錢也並非真的屬於你。

如果我們死的時候會將擁有的一切全都拋下，那麼有一件事就再清楚不過：我們不是擁有人；我們只是經理人而已。有些人能夠管理的錢財比別人多，但是沒有一個人能夠真正擁有它們。身為管理者，我們完全不用因為交給我們管理的財物很多而有罪惡感。我們不應該有罪惡感，我們應該有的是**責任感**。就像你也希望你的財務顧問有責任感，不是嗎？

我有個朋友，他管理我退休帳戶的一部分。從他小學六年級時我就認識他了。我是他的青年牧師，我主持了他的婚禮。我們的關係很親密。因此，他對我的錢很有責任感，他好幾次都這樣告訴我。但是他從來沒告訴我他覺得內疚。為什麼他要感到內疚？我是要求他管理這筆錢的人。你沒有理由因為上帝委託你處理的這些資源而有罪惡感。

事實是，上帝擁有一切。大衛王（達味王）也承認這一點。對一個擁有一切的國王來說，去認知到上帝才是萬有之主是很不尋常的一件事。儘管大衛在世時，人們普遍認為國王擁有自己國內的一切人與物，但是大衛王知道得更透澈、更清楚。他說：「耶和華啊，尊大、能力、榮耀、強勝、威嚴都是你的；凡天上地下的都是你的；國度也是你的，並且你為至高，為萬有之首。」（歷代志／編年紀 29:11）

在我的經驗裡，那些沒有真正認識到上帝是萬有之主的人，才會對自己所擁有的感到內疚。經理人不會有罪惡感。此外，那些為自己所擁有的財富而感到內疚的人，很少對他的財富有責任感，因為他們認為那些財富都是他們的，可以隨心所欲地運用。

當你和一名理財專員或財富管理者坐下來時，他們首先會問你的問題就是：「你的目標是什麼？」為什麼？因為他們管理**你的**錢，在那一刻，管理者的目標是什麼無關緊要——你們並不是討論**他的**錢。一個好的財富管理者在管理你的金錢時會謹記你的目標，而不是他自己的。如果你的理財專員收到你一張支票，上面卻沒有附上任何指示，他要怎麼做才是恰當的？去購物？當然不是。一個好的財富管理者會打電話給你，問你：「你想要我怎麼處理這些資產？畢竟，這是你的錢。」

現在就接受這個觀念：你其實只是上帝資產的管理者而已。這樣的認知會帶給身為「擁有人」的你從未體驗過的自由。你的此生將從對失去的恐懼中解脫出來——你更關心的將是如何在來世避免所有的損失。

第17章 正視嫉妒

我們來快速複習一下。某個人虧欠了某個人某樣東西的狀態，助長了這四個心靈入侵者的力量。這種債務的動態關係賦予這四個怪獸源源不絕的力量。無論誰欠了哪個人什麼東西，只要有人堅持追討債務，人際關係就會出現緊張。

罪惡感說「我虧欠你」，因此解決辦法就是懺悔。憤怒的燃料是「你虧欠了我」的想法，所以要用寬恕來彌補。貪婪的存在是基於「我虧欠自己」的假設，這種扭曲的思考方式只有透過慷慨的給予才能矯正。第四個陰險的威脅也是類似的。

嫉妒說：「是上帝虧欠了我。」

從時間之初，嫉妒就在人類關係的故事中扮演著吃重的角色。該隱（加音）嫉妒亞伯（亞伯爾）。以掃（厄撒烏）嫉妒雅各（雅各伯）。約瑟（若瑟）的兄弟嫉妒他們弟弟與父親的親密關係。

當我們想到嫉妒時，會先想到其他人擁有而我們缺乏的東西——美貌、才華、健康、身高、金錢、人脈等。於是我們以為，是那些擁有我們缺乏之物的人和我們之間出了問題。但是就像前面說過的，神原本可以解決一切的問題。無論祂給了你鄰居什麼，祂也都可以給你。

用最短的兩句話來描述「嫉妒」，就是：如果上帝用祂照顧某些你認識的人的方式來照顧你，你的人際關係、事業和財務狀況都會比現在好得多。

所以，你真正的問題不是發生在你和你嫉妒的對象之間（你只是嫉妒他們所擁有的），你真正的問題是發生在你跟你的創造者之間。你覺得上帝虧欠你，而你對祂懷恨在心——除非你面對這個簡單、卻令人信服的事實，否則嫉妒將持續威脅你的生活，破壞你的人際關係。

好消息是，這隻怪獸就和其他三隻怪獸一樣，也是有弱點的。這可能是你原本意想不到的。

但是在提出解決方案之前，我想花幾頁的篇幅來剖析這個問題。為什麼我要特別解析它？因為嫉妒背後的驅動力量，也是你人生中所遇到每一次人際衝突背後的驅動力量。你可以想像到的人際衝突，從婚姻問題到辦公室的人事問題，一切都可以歸結到這個共通的問題上。

事實上，這個問題也包含了罪惡感、憤怒和貪婪所導致的關係裂痕。了解這個動力，你才能不再受制於它，不再責備每件事，不再為了人們討厭的行為而怪罪每一個人，你會發現那些行為的根源，都來自於你的內心。

衝突的原因

不同的人際關係衝突都可以歸結到同一個深層問題的想法，可能會讓你覺得太過簡化了，但如果你和我一起探索下去，我想你會同意我的說法。此外，這個觀念也不是我的原創。據我所知，這個觀念來自一個叫做雅各的人，他不但寫了一本暢銷書，他同母異父的兄弟後來還成了世界救主——這是相當好的認證。

總而言之，他為他寫的書取了一個很有創意的名字〈雅各書〉，在那本書的第四章中，他問了我們一個不會只有一個答案的問題：「你們當中的衝突爭吵是哪裡來的呢？」

無論你在哪裡工作、上哪間教堂、在哪個功能不健全的家庭裡長大，你對這個問題一定有各式各樣的答案，就和你身邊的衝突爭吵一樣，有各種不同的引發原因。面對雅各的這個問題，我忍不住要問：「您問的是哪一場爭吵的原因？」許多情況都會造成意見不合及衝突爭論，難道不是嗎？

但雅各並不這麼想。

他剝開人們所說的各種藉口的表面，直擊事情的核心——也就是我們會遇到的每一次關係衝突的共同原因：「你們當中的衝突爭吵是哪裡來的呢？難道不是從你們當中爭戰著的慾望來的嗎？」

雅各似乎認為，我們的外在衝突，是內在衝突浮上表面所直接導致的結果。他說的「慾望」一詞在這裡指的是享樂（事實上，這段經文的後半部就是將同一個字翻譯為「享樂」）。雅各認為，如果你和我發現我們兩個忽然爭執了起來，那是因為我內心的爭戰溢了出來，波及到你，反之亦然。

根據雅各的說法，我們的內心翻騰著各種衝突的慾望，如果你大力撞到我，我裡面的東西就會溢出來，濺到你身上。

我們傷害最深的人，也是我們宣稱最愛的人，這不是很引人深思的事嗎？生育我們、養育我們、和我們交換誓言的人——為什麼在所有人之中，我們傷害最深的是他們？雅各會說，答案很簡單，因為他們是我們最親近的人。當我不再能控制在我心中洶湧翻騰的衝突時，它就會漫溢到我們最親近的人身上，即便他們只是無關的旁觀者。

事實是，我所有人際關係衝突的共同來源，就是**我**。而你所有人際關係衝突的共同來源，就是**你**。

你不可能總是得到你想要的

那麼，是什麼造成了這種內在掙扎，威脅著每個家庭與職場的和睦，威脅著我們每一段人際關係？雅各毫不保留地直接指出：

你們得不到所要的。

就是這個原因。它就是你和我經歷過的每個衝突的來源。

我們得不到所要的。我們無法稱心如意。

「要」這個詞在這裡表達的是**渴望**、**貪求或強烈慾望**的力量。如果你有孩子，你就會很熟悉雅各在說的事情。當你聽到孩子們爭執時，你直覺知道真正的問題不在於那個玩具、光碟，或是誰能坐在哪個位子上；真正的問題是兩個人都想要事情如自己的意，但是有一個人卻沒辦法。

雅各主張，成人的每一次衝突來源也都是如此。為了得到我們想要的，我們都做了什麼？我們無所不用其極……

你們貪戀，還是得不著；你們殺害貪求，又鬥毆爭戰，也不能得。（雅各書 4:2）

這句話中的「殺害」一詞或許是誇張了，但是在現實中，我們所知的大部分凶殺案，都是由一個**想要某樣東西的人**所犯下。更重要的是，大部分的殺人兇手都和受害者有某種私人交情，所以調查員總是先從家人或所謂的朋友身上展開調查。想想看，如果你曾經氣到傷害別人，那通常是因為那個人沒有給你或你愛的人應得的東西。你沒有得到你想要的。

雅各在這段話中用了另一個有意思的詞：「貪求」（covet）。這個詞在這裡的意思是**熱烈追求或是奮力爭取**。這段話描繪了一幅畫面，就是一個不斷想要滿足某種永遠滿足不了的需求的人，但是到了最終，「你們得不到所要的」。

雅各怎會這樣說呢？有時候我確實得到了我想要的，不是嗎？這可不見得。

雅各看穿事情的表面，看到了我們心中不斷洶湧翻騰的**慾望**——那些從未得到充分滿足的飢渴。就像我的食慾一樣，我也許在飯後覺得飽足了，但是三小時後，我又回到廚房，想要找更多的東西吃了。為什麼？因為慾望本來就不可能得到充分的滿足，慾望只能暫時平息而已。無論我們在用餐後覺得有多麼飽足，你都不會停止進食。

雅各在這段話中所指的慾望，代表的就是無法平息的飢渴——我們對東西、金錢、認可、成功、進步、親密、性、樂趣、人際關係、夥伴關係的渴望。我們得到的從來都不夠充分，不能一勞永逸地滿足我們的慾望。事實上，正如英國大文豪魯易師（C. S. Lewis）在《返璞歸真》（*Mere Christianity*）中所指出的，你越是餵養慾望，慾望就越強烈：「慾望是透過放縱而成長的，不是透過忽視。貪食者對食物的渴望，就和挨餓的人一樣強烈。」

有權力的人總想要更多的權力。富有的人想要更多的金錢。一個伴侶換過一個伴侶的男人和女人永遠不會完全滿足於他們之中的任何一個人。關鍵是，不斷嘗試滿足我們的慾望與享樂，並不是處理它們的最佳方式。

怪罪他人無濟於事

你可以親自見證，我們不斷徒勞無功地想要滿足我們的慾望，但正是這麼做激化了我們內心的衝突。你經歷過的每一次人際衝突難道不是都可以歸結到一件事嗎——有個人嘗試滿足某種內在衝突，但他的方式與你想要滿足自己慾望的方式產生了衝突，於是我們爭執並衝突起來。

當我第一次思考〈雅各書〉中這段話的重要性時，我想將它融入我的教養技巧當中。現在，當我聽到孩子們吵架時，我不是去查明誰做了什麼事，我做的第一件事是讓每個人重複下面這段話：「你知道問題在哪裡嗎？問題在**我沒有得到我想要的**。」

我的孩子們討厭這樣做。但是一件非常有意思的事發生了：他們之間的火爆程度和音量立刻下降了一半。在每個人都為發生的事情負起責任後，大多數時候孩子們都能夠將問題解決。而在那些我必須進一步深究的情況中，我發現孩子們幾乎不會產生防衛心態。他們開始學到了一些東西。

每一次的爭吵，問題癥結都在於每個人都想要事情照自己想要的方向走。確實明白這件事，會帶來巨大的不同。當陷入衝突中的每個人都確實明白這一點時，問題通常就會迎刃而解。雅各真的非常聰明。

除非我們確實明白了這個問題，否則我們總是會傾向於怪罪別人。責怪他人從來無法解決任何問題。我從來沒有和一位丈夫或妻子談話時，聽到有人說責怪他人正是他們婚姻幸福的泉源。責怪他人只是讓問題加劇，但直到我們能停下來並確實明白這個事實「我真正的問題是我沒有得到我想要的」，否則我們就束手無策，只有不斷責怪他人。

你知道什麼是責怪他人嗎？責怪他人就是「除非你合作，否則我不會快樂」。責怪他人就是「如果你不怎樣做，我就不會滿足、滿意」。如果你將這邏輯發揮到極致，那就是除非你能夠控制你接觸到的每個人的行動與反應（包括高速公路上你開的那條車道以及相鄰兩條車道上的每個人），否則你永遠不會快樂。如果事情真的是這樣，那就沒救了！

在我們願意完全接受雅各清楚闡明的這個事實之前，我們都別無選擇，只能試圖從周遭的人身上榨取我們的快樂與滿足。問題是，**他們**也試著從**我們**身上榨取他們的快樂與滿足呀。最後，每個人都被逼得喘不過氣來。

於是，我們帶著「問題都是出在別人身上」的確信離開了。我們離開去尋找另一個能夠充分滿足我們的人。在我們汲汲營營於尋找的過程中，我們從不曾停下夠久的時間，好好想想我們真正想要的是什麼。

那麼，解決辦法是什麼？

解決嫉妒的辦法

對於那些永遠無法完全滿足的慾望，你該拿它們怎麼辦？雅各說，第一步，你要將它們帶到那個創造出這些慾望的人那裡。現在，他在這裡提出了一個想法。

雅各寫到：「你們得不到所要的，是因為你們沒有向上帝求。」換言之，我們沒有得到所要的，只是因為我們找錯了人。雅各教導我們將這些慾望帶到天父面前，而不是讓它們成為我們所愛之人的負擔，他們並不是為了滿足我們慾望而生的。這就好像上帝說：「如果你先來找我，而不是從你周圍的人身上榨取出任何你認為你需要的東西，這整件事本來是可以避免的。」

從這個角度想想吧。是誰創造出那些你永遠不可能充分滿足的慾望？你的姐妹？你的另一半？你的老闆？你的鄰居？如果都不是的話，你為什麼要期望這些人有能力滿足這些慾望呢？雅各說，把它們帶到上帝面前。

每當我向人提出這個建議時，我常會得到同樣的回應：「這個我早就做了！」通常

「這個我早就做了」的意思就是「關於這件事我早就禱告過了！」，而「關於這件事我早就禱告過了」的意思，則是「我祈求上帝能夠改變某某的心，但祂沒有給我這個我應得的東西。」

但這不是雅各在說的事。他建議的事情遠比「要求上帝改變別人的心，好令你稱心如意」更有力量多了。雅各教導我們，將內心最深處的慾望以及未被滿足的需求帶給天父。他允許我們與造物主進行對話，讓我們能夠無拘無束地傾吐我們的心聲。

當彼得寫到「你們要將一切的憂慮卸給上帝，因為祂顧念你們」（彼得前書 5:7）時，也呼應了這個看法。在希臘文中，翻成「一切」的那個詞，意思是**全部的**，也就是每一個。這意味著你得到邀請，將你的每一個挫折與恐懼帶到神面前。沒有什麼事是太巨大的，也沒有什麼事是太微小的，將它們全部都帶來。

這表示你不需要用「我知道我不應該有這種感覺，但是……」，或是「我知道這聽起來有點小家子氣，但是……」或是「我知道我應該表現得更成熟點，但是……」或是我自己最愛的起手式「我知道擺在事情的大局裡來看，這件事實在很小，但是……」來展開你的禱告。這些話都沒有必要。原因在此：如果它對你很重要，那麼它對上帝也很重要。因為你對上帝很重要。

我們的每個顧慮，無論大小，天父都看為重要，因為你對天父是重要的。無論是你的感情生活、事業、婚姻、父母、孩子、未婚夫或未婚妻、教育或外貌，將你的問題帶給神。持續將問題帶給祂，直到你找到內心的平安，直到你能夠再次站直身子，有信心地面對眼前的生活，因為你知道天父在乎你。

一旦你向祂坦承，你的根本問題是你無法讓事情按照自己的心意走；一旦你毫不保留、完完全全地將你的慾望和焦慮傾倒在祂身上，你會發現，和生活中的人們打交道變得更容易了。無論他們是否給你你應得的肯定、愛或信譽，你都會找到平安——因為你不再在這些人身上尋求只有上帝才能滿足的需要了。

容易忽略的但書

當我念高中時，有個傢伙挑戰我默背整本〈雅各書〉，於是我照做了。對那時的我來說，這不是很簡單的事，但最重要的是，我確實把整本〈雅各書〉都記在腦子裡了。

總之，〈雅各書〉中我最喜愛的經文，就是我們剛才讀到的：「你們得不到所要的，是因為你們沒有向上帝求。」回想起那時候的我，一心一意只想要「擁有」。而〈雅各書〉

中我最不喜歡的經文就是下一句。在我青少年時期的想法中，我覺得那句話給了上帝一個藉口。雅各是這麼說的：

你們求也得不著，是因為你們妄求，要浪費在你們的宴樂中。（雅各書4:3）

這下子當然讓人樂趣全失了。

雅各教導我們，將我們的慾望全部帶到神那裡，然後卻告訴我們，上帝可能會說「不」。對只有十六歲的我來說，這實在是件令人沮喪的事。但如果上帝從一開始就給了我（以及每個人）所有想要的東西——我就會每天開著保時捷去上學——我的生活無疑會在幾年、甚至幾個月內就分崩離析。我敢肯定有些你曾經向上帝要求的東西，事後來看，你會很高興祂沒有給你。因為你知道你的慾望會毀了你。

事實上，上帝是因為太愛你了，愛到祂不能給你你想要的一切。祂也太愛圍繞在你身邊的人，愛到祂不能給你你想要的一切。但是——不要漏掉這點——**祂仍希望你開口求**。祂仍希望你將一切問題都告訴祂。

為什麼呢？既然不能保證得到，向祂求的意義何在？

神希望你知道，祂是一切美好事物的源頭。當祂說「不」時，祂要你相信祂。如果上帝可以現身並當面向你說「不」，也許事情會容易些。但情況還是不會改變：保時捷從來沒出現在我家的車道上，沒有人給我一筆大生意，背痛的老毛病也還是令我煩心。就像一位父親拒絕資助他上大學的女兒參加狂歡派對一樣，上帝也不會資助我們自我毀滅，尋找在祂以外的意義來源。

他是一**切**美好事物的源頭，而不是一切**渴望**事物的源頭。但祂仍然希望我們求問祂、倚靠祂、依靠祂、呼求祂。祂也希望我們學會接受「不」的答案，而不是將事物攢在我們自己手裡。這並不總是件容易的事，但卻是最好的選項。

美善的禮物

談到這個話題，雅各還有一件事要說：

一切美善的事物和各樣完美的恩賜都是從天上來的，是從天父來的；他是一切光的創造主。他沒有改變，也沒有轉動的影子。（雅各書 1:17）

我們所得到的一切美好事物，都是從我們的天父來的——這就使我們更有理由將我們未得到滿足的需求、我們衷心的渴望，甚至不好意思說出口的希望與心願都告訴祂。

在一天的終了，知名樂手米克．傑格（Mick Jagger）說的話是對的：「你無法總是如願以償。」沒有人可以。這是不可能的事。我們的慾望從來沒有完全永遠滿足的時候。問題是，你是否無論如何也要想辦法繼續滿足你的慾望，即使這樣會榨乾你周圍所有的人？或者是你會將它帶給你在天上的父親，並且留給祂去處理？

這兩個是我們唯二的選項。一個會帶你得到平安，另一個帶給你的則是無限的挫折。

第18章 讚揚的好理由

對我而言，承認我的憤怒比承認我的嫉妒容易一點。嫉妒總是顯得那麼小家子氣。我可以為我的憤怒找個理由，但是當我要開口談論我的嫉妒情緒時，我聽起來就像個國中生，於是我就不談了。

但是，我當然還是感覺得到嫉妒的情緒。當我看到有人的書在暢銷排行榜上比我更前面時，我感到嫉妒。當我聽到別人做了一次絕佳的佈道時，我感到嫉妒。當我看到一個年紀跟我差不多的傢伙卻有一頭濃密的頭髮時，我感到嫉妒。當我穿著長袖上衣走在沙灘上，卻看到一個打著赤膊、什麼肥肉都不用藏的傢伙時，我感到嫉妒。還有一些其他事情也會讓我心裡燃起嫉妒的情緒，但是在這一章中舉出我的這些例子，這樣的自我揭露應該已經很夠了。

這些事情可能聽起來不會造成什麼傷害，但實際上並非如此。嫉妒是危險的，因為它形塑了我們對其他人的態度。你很難主動去愛一個你嫉妒的人。你也很難去服務（或是順從）一個彷彿在一直提醒你「你不是什麼」的人。最終，嫉妒控制了我們對一些人的態度，而他們除了在一場比賽中跑在你前面以外，什麼也沒做。他們在某個我們認為重要的領域裡表現傑出，所以我們就憎恨他們。好吧，也許我們也不是憎恨他們。我們只是不喜歡有他們在身邊而已。很不喜歡。

如果我們不對這種情緒做出真正的努力，嫉妒就會變成怨恨。但怨恨是需要有正當理由的，於是我們就開始挑剔，直到我們找到理由為止。一旦我們找到了怨恨的理由，我們就安全了——再也沒有必要去解決我們的情緒，因為我們知道它們完完全全是有理由的。而一旦嫉妒變成憤怒，我們的嫉妒就會無法無天了。它有能力使我們對各類人產生尖酸的態度：對有錢人、超級名模、身材健美的人、巨型教會的牧師、家庭主婦、職業婦女、髮型完美的女人——我們很容易就能列出一大群人。

你有嫉妒著誰嗎？你說你不嫉妒任何人？也許吧。

那麼怨恨呢？如果你不喜歡嫉妒這個詞，我換一個問題，這可能會讓你發現你在這之前未發現到的嫉妒情緒。

你暗地裡討厭哪一類人？

仔細想一想。誰真的令你不快？專業人士？表演工作者？公司高級主管？已婚者？單身者？小孩？退休人士？深入想想，你會發現你的怨恨以及所有表面的理由，其實都是嫉妒的掩飾。而且你很可能會發現，這種嫉妒的情緒，是從你過去在某個地方跟某個人發生的某件事所引起的。

嫉妒的根源

從表面往下持續挖掘，你會發現你的嫉妒只是表現了一個事實：**你無法得到你想要的**。讓事情變複雜的是，你的不滿會在你周圍的人身上反映出來。但是那些人並不是你的問題來源，就像月球不是光的來源一樣，他們只是將源自於你內心的想法反射回去給你而已。

想要擺脫心中的嫉妒，就從這個認知開始：我怨恨他／她的原因和他／她一點關係也沒有。問題在於我沒有得到我想要的。

想要擺脫心中的嫉妒，就從認真、仔細地審視鏡子中的你開始，而不是隔著一段距離。將我們的情感對焦在別人身上，會引燃嫉妒的火苗；對焦在我們自己的心，則是熄滅它的開始。

一旦你將問題區隔出來，剩下的就簡單了（還是沒那麼容易，但相對簡單）。你將你的問題——你的舊車子、小房子、傳了好幾手的餐桌、水桶腰、小電視、難整理的頭髮、沒有升遷指望的工作、糟糕的健康狀況、不出色的升學考試成績——全都帶到唯一可以對它們做些什麼的人面前。

一旦你把這一切堆成了一股巨大的不滿，你就需要向祂傾訴你的心聲。你所有的挫折。你所有的不滿。讓神知道你知道**祂原本可以透過你做得更好**。那是一場沒有拐彎抹角的談話：「祢本來可以供給我更好的物質生活、給我更好的機會，祢還可以順手把這些身體零件給升級一下。」

盡情地說吧，告訴祂，祂創造與對待你的方式有多麼令你不開心。祂可以承受的。因為你是對的——祂本來是可以做這些的。畢竟，他都為你的姊姊、你的姐夫做了。看看祂讓那些街上的異教徒擁有什麼、開什麼樣的車、有什麼樣的外表吧。

接著用這方式做個總結：「神啊，總而言之，我認為祢虧欠了我。」現在，如果你覺得直視上帝眼睛並控訴祂虧欠了你某樣東西，這有點嚇人的話，那麼你就快要突破了。如果你真的認為祂虧待了你，也虧欠了你什麼的話，那我建議你重讀一下新約聖經。耶穌（連同其他許多人）都清楚地表明，我們都是沒有救的罪人，絕望地隔絕於神。但神卻憐憫我們，賜給我們根本**不配**得到的東西——寬恕。而代價是什麼？祂的兒子。事實上，是我們欠了上帝一筆我們根本還不了的債——所以祂替我們付了——藉此永遠消除了祂虧欠我們任何東西的可能，永遠。

我們對於沒有得到我們所要的、或是我們認為應得的東西而感到沮喪，但是在上帝已經給了我們最**需要**的東西這個事實相較，我們的沮喪顯得微不足道。在十字架的陰影下顯得再清楚不過的是：上帝根本不欠我們任何東西。我們反而虧欠了祂一切。包括一個道歉。

我們應該向祂道歉，讓祂背上一筆祂沒有欠的債——我們一直認為祂虧欠了我們，但在伴隨著嫉妒而來的困惑及情感漩渦之中，我們卻始終沒有認識到這點。

到源頭去

嫉妒的核心是個謊言：上帝虧欠我們。要擺脫嫉妒，就必須正視並驅逐這個危險的念頭。這樣做之後，我們才能不受阻礙地朝著上帝的方向邁進。

上帝無條件的接納與恩典，正是讓我們有勇氣將所有沮喪與不滿向祂傾訴的原因。再說一次，沒有什麼事嫌小——我們不必劃地自限，不必去解釋，也不必對我們的感覺感到內疚。〈希伯來書〉的作者就這方面給了我們一個特別的承諾：

> 所以，我們只管坦然無懼地來到施恩的寶座前，為要得憐恤，蒙恩惠，作隨時的幫助。（4:16）

當我們帶著沮喪與不滿來到神的面前時，我們**將得到**憐憫與恩典。為什麼？前一句經文這樣解釋：

> 因我們的大祭司並非不能體恤我們的軟弱。他也曾凡事受過試探，與我們一樣，只是他沒有犯罪。（4:16）

當你帶著你的願望與希望、你的夢想與沮喪來到天父面前時，你是將它們帶到了一個能夠體恤的人面前。你有一位救主，祂曾嘗遍令你懷疑你是否能夠走下去的同樣情緒。你可以只管來到祂的寶座前，不必感到抱歉、勇敢地來，將你的重擔卸在祂的腳前，祂是唯一有能力處理它的人。

但是那只是開始而已。一旦你打敗了內心的嫉妒情緒，你還可以從外面做一件事——用一個新的習慣來馴服它。

戰勝嫉妒的練習

當討論罪惡感時，我們說解藥就是要練習**懺悔**。克服憤怒的習慣則是**寬恕**。貪婪的剋星是**慷慨地給予**。能夠讓你的心戰勝嫉妒的習慣，則是**讚揚**。

要讓你的心不受嫉妒的侵襲，你得讚揚你嫉妒對象的成功、身材，以及他們所擁有的財富。你需要格外用力地用言語表達你對他們成就的祝賀。這必須變成一種習慣。讚揚你嫉妒之人的成功，會讓你戰勝那些可能製造你們關係裂痕的情緒。

作家與極有天分的演說家路易・季格里歐（Louie Giglio）是我最要好的朋友之一。我們從小學六年級起就成了朋友，是在青少年營隊的刮鬍膏大戰中躲一個雙層床下時認識的。從高中到大學，我們兩人都形影不離。大一結束那年的夏天，我們在一趟傳教之旅中接連地進行了我們的第一次佈道。神學院畢業後，他去貝勒大學（Baylor University）進一步深造，而我則回到亞特蘭大找工作。兩年後，他在每週一的晚上對著上千的學院學生講道，而我則載著中學生到遊樂園。

最後，路易和他的妻子雪莉回到了亞特蘭大定居。對我而言幸運的是，他們選擇了我所在的北角教會（North Point）作為他們主要聚會的地方。我說幸運是因為路易欣然同意每年在我們的亞特蘭大校園分會進行一系列的佈道，連續了好幾年。

如果你曾聽過路易的演講，當我說他是美國最能打動人心也最受歡迎的演講者時，你就會明白了。他有獨一無二的天賦與呼召。我從來沒有聽過任何人像路易一樣，能夠將一整群聽眾帶到神的面前。我曾見過他在高中生面前演說，也曾聽過他向學院學生講話。我曾在擠滿了成人的房間裡聽他演說，也曾看見他和教會領導人在一起。無論他說話的對象是誰，都是令人難忘的經驗。

當我在我們的聚會中宣布接下來幾週將是路易進行佈道時，人們就會歡呼起來。在他講道的禮拜天，出席聚會的人數會大大增加。在接下來的那一週，我會一直被問到：「你聽到路易講道了嗎？他實在太棒了！」當然，他真的講得很棒。

這造成了一種可能會充滿嫉妒的氛圍。「在牧者之間也會嗎?!」你倒抽了口氣問。我的答案是：當然會。但是我們有理由為自己辯護，因為任何涉及了表現的專業，都更可能引發專業上的嫉妒。所以佈道家也很容易彼此嫉妒。

讓我們的處境比大多數人更困難的是，在我們居住的這個阿爾法利塔小鎮，有些人更願意聽路易而不是聽我講道。老實說，我也寧可聽他而不是聽我講道。還有一些人則偏愛我更勝於路易（主要是我的親人，至少他們當面是這樣告訴我的）。所以，當他們期待聽到我們之中的某個人講道，結果上來的卻是另一個人時，人們就會談論、比較，並表達他們的失望。這些也都是人之常情。但是正如你能想像的，這些都可能創造出某種不健康的競爭。

讓事情更複雜的是，路易經常參與北角教會的事務，這讓有些人以為他是我們教會團隊成員之一。事實上，路易是極為成功的國際事工「熱忱城市教會」（Passion）的創辦人，他的精力主要投注於熱忱教會，此外他還有一間唱片公司，為幾位美國首屈一指的敬拜領袖提供平台服務。他的事工範圍遠超過我在一個地方教會層次上所做的事。但是我們社區中有很多人不知道這件事。

有了這些原因在背後作祟，你應該可以想像當路易宣布要在亞特蘭大成立一間教會時，人們會怎麼想了。有一段時間，事情簡直接近了荒謬的程度。令人沮喪的部分是，很多人以為他成立教會的計畫代表了我們關係的某種破裂。在他宣布這個消息後的那個禮拜，有幾十個人前來問我：「那麼，你對路易在你地盤上成立教會的計畫怎麼想？」好幾個牧師打電話給我，想要讓我知道他們對於路易的決定感到很失望，他們會為我們禱告。人們因為我而感覺自己被冒犯了。但老實說，我從一開始就沒有被冒犯的感覺。

但我原本是會有的。

我對嫉妒沒有免疫力，路易也是。但我們都知道嫉妒的殺傷力，我們也知道它的解藥。我是路易的頭號粉絲，我覺得他是屬於我的。我們都不會猶豫告訴別人我們的感受。一個例子可以恰當地說明這點，路易從南非回來的幾天後，我碰巧遇見他，他在南非吸引了九千名學生湧入參加他的活動。但是我還沒來得及問候他的南非之旅，他就摟住我的肩膀，說：「安迪，你絕對不會相信！無論我到哪個地方，人們都在談論你和北角教會的影響。」

這件事之所以如此特別，是因為我也認識一些不停地談論他們自己在世界各地做的一切美妙事情的佈道家。但路易不是這種人。他特意告訴我他發現了**我**產生的影響。他特意讚揚我的成功。

我聽過路易在我們教會的每一次佈道。當我在城裡時，我會坐在前排聆聽。是的，我也不時對他的創意與洞見感到嫉妒。他實在比我「酷多了」，我永遠也趕不上。但是我不會讓任何這樣的情緒影響我們的友誼。所以我持續讚揚上帝透過路易所做的一切。我也得到他的肯定與讚揚。

二〇一〇年九月十九日，路易的母親悄悄結束了她在世上的勞苦，去了上帝身邊。我在醫院陪著路易和幾個家人，我們手牽手在她的床邊禱告。那是個禮拜天的下午，路易原本預定當晚要在熱忱城市教會佈道。大約三點半左右，路易問我是否可以代他上場，好讓他可以陪伴在他母親床邊。我告訴他我很樂意。這是事實。我很榮幸能夠這麼做。在禮拜儀式開始約半小時前，他母親終於向這世界道別。路易留在他必須在的地方。我也是。

說真話

也許你對這一切的反應是：「嗯，你跟路易能夠那樣真是太好了。聽起來亞特蘭大是個人與人彼此惺惺相惜的好地方。我也為你高興。但是我對我周圍的人並沒有這種感覺。我應該讚揚他們的成功嗎，如果我實際上並不這麼想？」

簡短的答案是：是的，而且我並不是要你不真誠。你妹妹穿那件洋裝好看嗎？如果好看，告訴她。如果不好看，那你就不會有情緒問題了。你喜歡你妹夫的新車嗎？如果喜歡，告訴他。如果不喜歡，那你就不用勉強自己了。那次的簡報你的搭檔做得很好嗎？你覺得你真希望那是你自己在做簡報嗎？那就告訴他他表現得真好。**你不是不真誠，而是誠實**。然而，如果他表現得很好，但是你卻沒辦法向他道賀，那就是個問題了。如果你的搭檔蓋了一棟你夢想中的房子，告訴她。畢竟那是真的。

說真話可以幫助你從強烈嫉妒感中解脫出來，不再受到情感的束縛。當你走向那個取代你得到升遷的傢伙面前，說聲「恭喜」時，你就是在拒絕讓危險的情緒控制你的行為。你就是在保護你的心。你就是在向嫉妒說「不」。用行為來養成一種新的思考方式，比用思想來養成一種新的行為方式要容易得多。不要等到你想讚揚了再來讚揚，而是要讚揚直到你想讚揚為止。要讓你的心擺脫嫉妒的破壞力。拒絕成為情緒的囚犯，那些情緒反映的不是真實。

我的兩個兒子都在他們各自所屬的棒球隊裡擔任投手。當他們迎戰一個投球出色的隊伍時，我的心情就會受到攪擾。我想要我的兒子比另一隊的投手還要強，但當事情不如我所願時，我總是會特意找到那位投手，告訴他他的表現實在出色。當我知道他是誰的兒子時，我也會恭喜他的父母。這個習慣讓我可以保有一顆自由、澄澈的心。伸出手握住另一位父親的手——他的兒子贏過我兒子——這個舉動釋放了所有的負能量，讓我們可以用應有的角度來看待這一切。讚揚他人的成功有一種強大的解放力量。

你一直猶豫慶祝誰的成功？誰值得你的鼓勵？你會用一封信？一通電話？一個擁抱？你把誰的進步歸功於純粹運氣，因此拒絕承認？誰的成就讓你內在的某些不安全感浮出水面，讓你迴避慶賀他們的勝利？

是時間培養一種新的習慣了。是時間拒絕屈服於那些當其他人成功時，在你內心蠢蠢欲動的負面情緒了。與其保持沉默或是吹毛求疵，何不讓公開讚揚他人的成功成為你生命中的習慣？當那個人的成功可能反射出你消極的一面時，讚揚得更用力一點！

我向你保證，這是可以改變一切的習慣之一。

PART.4

向前邁進

也許擁有美麗的心智是件好事，但擁有美麗的心靈是更大的一份禮物。

——美國數學家約翰·納許（John Nash）

第 19 章
為了你的孩子好

我有個朋友，從外表上來看，是個很健康的人。他的身材維持得很棒，飲食習慣正確，運動，而且不菸不酒。他從來沒有任何心臟的毛病。除此之外，他每年還會花半天的時間，跟他的心臟科醫生進行一系列嚴格的檢測。為什麼呢？因為他的父親在四十多歲時死於心臟病，於是我的好友被告知他有罹患心臟病的傾向。因此，他嚴格控制他的生活型態，定期看醫生。他的心臟不如一般人強壯當然不是他的錯，但是無論如何，他都對他的健康負責。

然後，就在某一次去看心臟科醫生時，正當我朋友等著要上跑步機進行另一段艱苦的鍛鍊時，他忽然想到了一件事：就和他因遺傳而容易罹患心臟病一樣，他的孩子也可能承受著同樣缺陷的詛咒。當時他的孩子都還小，但當我的朋友正要開始他十五分鐘的跑步機鍛鍊時，他忽然感覺到另一層責任落到了他的肩上。

傳給下一代的情緒

我曾在某個地方讀到，約有百分之五十的心臟問題可以歸咎於基因，而大約同樣比例可以歸咎於環境因素。我不知道當問題與我們的心靈有關時，這些比例要怎麼算才好，但我確實知道遺傳和環境都扮演了重要的角色。

舉例來說，我的大兒子安德魯的生活習慣和我一模一樣。我的嫂子也曾開玩笑說，她兒子那過分好奇的頭腦完全得自她的遺傳——她小時候也是這副德性。「有其父必有其子」不只是陳腔濫調，其中自有真實性存在。每隔一段時間，我對某件事情的回應方式就會讓我的妻子珊卓笑著說：「那樣好嗎，查爾斯？」（指我的父親）我知道我有他的影子，但顯然我受到他的影響程度比我意識到的要深。大體上這是件好事。但是每隔一段時間我都會聽到自己說了一些話，令我心想：**這是我老爸會說的話**。

我的兩個兒子已經都在戴隱形眼鏡了，都要怪我。但是他們還要因為我的緣故而跟其他事情掙扎搏鬥嗎？更重要的是，我能夠做些什麼，好讓他們可以為這些不測之事做好準備呢？我的妻子很完美，我想我的女兒也許也一樣完美。但我能做什麼來保護她純潔的心？我需要教她什麼，才能讓她在未來有能力保護自己？

我們的孩子不只分享了我們身體上的基因。他們可能也分享了我們的憤怒、罪惡感、貪婪和嫉妒等情緒的傾向。很明顯的是，我們有能力將精神的腐敗種子傳給下一代，因此我們的孩子就是我們必須在自己生活中正面解決這些問題的主因之一。事實上，我們討論的四種心靈疾病形塑了我們的家庭氣氛，而家庭氣氛又在形塑我們孩子的心靈方面扮演了要角。

罪惡感會以一種具有潛在傷害性的方式，從父母一直延續到下一代。一對有秘密或是過著雙面生活的父母，不會在家裡創造出一種開放的環境。總是有些事情是永遠不會被談論的。當事情不如己意時就大發脾氣的那個小聯盟棒球隊的孩子，通常有個很容易對十六歲裁判發火的爸爸坐在看台上。一個無法控制憤怒的父親會透過他持續不斷的過度反應而在自己孩子的心裡製造出怒火。一個總是喋喋不休地說著跟別人相比自己缺少了什麼的母親，也會在自己女兒心裡創造出同樣不健康的不滿足感。

家庭環境反映了整個家的領導者的內心。如果你在你目前的情況中看不見這點，那就回想一下你童年時的家庭吧。從你目前正在面對的心靈問題，你或許可以追溯到那時的家庭環境。

談到塑造我們孩子的心靈，榜樣總是勝過說教。我聽過一個傢伙在餐廳裡對他的女兒大喊：「泰瑞莎，不要大聲對你媽講話！」我看得出其中的幽默，但泰瑞莎可不覺得這是件有趣的事。她立刻向他吼回去：「我才沒有大聲！」

孩子們提高嗓門的原因，是他們聽到我們這樣做。如果孩子們看見我們敞開心扉，即使那代表我們會吵架，他們也會敞開心扉。如果孩子們看見我們卸下武裝，他們也會撤下防備。他們透過觀察我們來學習管理自己的心。

不久前，我注意到我們的孩子願意為自己的錯誤負起責任。對他們而言，說「我很抱歉」或是「那是我的錯」是件自然的事。我向珊卓談到這件事。我說：「妳注意到我們孩子在做錯事的時候有多快就願意負起責任嗎？我想，當我在他們的年紀時，我從來沒說過『那是我的錯』。」

珊卓笑著說：「你知道為什麼他們很容易就可以說『那是我的錯』嗎？」我摸不著頭緒。她說：「因為他們一天到晚聽到你說那句話。」

我們兩人都笑了，但她是對的。我確實很常說那句話。結果就是他們也很常說了。

為自己的心負起責任

我們無法控制孩子所經歷的每樣事情，但是我們可以影響他們處理生活中所遇到之事的方式。我們可以教他們如何保護他們的心，抵禦生命中不可避免的風暴。沒有人能夠像父母那樣影響孩子的心靈健康。無論是有意還是無意，刻意或是偶然，我們都會在孩子的心靈裡留下或者帶走什麼。這或許是為人父母的最大責任。

學業成績很重要，但是我很少遇到有人說，他們眼下的問題要回溯到他們開始接受教育的時候，或是原因出在他們當時的平均成績是幾分。我諮詢過的那些在關係上或財務上瀕臨崩潰邊緣的人們（不分男女），全都是因為心靈的問題：他們的憤怒對他們的職業生涯造成了不可彌補的損害；或是他們的貪婪讓他們面臨財務危機；或是他們的嫉妒造成了他們婚姻的裂痕。這些男女全都沒能好好守護自己的心靈。他們沒有養成一個習慣：把重心投注在**對生命最關鍵部分產生最大影響力**的那個事物上。

作為一個家長，我必須面對的問題是，當我的孩子們收拾行囊、永遠離開家之後，他們在心裡帶上了什麼？那時，他們將完全為自己的心負起責任，而我現在可以做什麼來讓他們為那一天做好準備？我在許多與孩子有關的事情上用心規劃：教育、運動、音樂課、大學入學測驗，甚至是教會活動出席。儘管如此，在一天結束時，我仍深信他們雖然可以得到豐富的經驗，卻仍未準備好面對生活給他們心靈帶來的出其不意的考驗。如果你也為人父母，我相信你能夠認同我的憂慮。

那麼我們該怎麼做？除了盡己所能地讓自己的心強壯起來，我們還可以做什麼，好讓我們孩子的心也變得健康呢？首先，我們可以教他們懺悔、寬恕和慷慨的重要性。我們可以教他們讚揚別人的成功。我們可以禱告。我們可以培養好的習慣。我們可以確定他們一直在教會中。我們可以留意適合施教的時機。

所有這些事情都很重要。如果持之以恆地去做，我深信它們會產生巨大的影響。但接下來我還想要提出一件事，我相信它會讓這整個過程增添一種關鍵的目的性：這個練習可以幫助我們的孩子學會**關注內心發生的事**。

保持警醒

我小時候最早會背的經文之一，是〈箴言〉四章三節。這不是我的主意，是我老爸建議我背的。事實證明，這是他一長串好建議中的一個。這段經文是：

你要切切保守你心，勝過保守一切，因為一生的果效是由心發出。

有些譯本會翻成「保衛你心」。無論哪一種翻法，意思都是清楚的：**我們要留意內心發生的事情**。為什麼？因為正如經文所說，我們每個人都是由心活出來的。你心靈的健康情形會反映在你的生命品質上。

和大多數的孩子一樣，當時的我，注意力完全被周遭的事物所吸引，從來沒有一刻想過我的**內心**正在發生什麼事。但是這段經文以及我父親所說的話卻喚醒了我，使我注意到，去監視那些在我內心蠢蠢欲動的事物有多麼重要。

二十五年後，有天晚上，我坐在我兒子的床邊，享受著每個忙碌的父母為之而活的那些美好時刻之一。我們聊著那天發生的事，沒有多想什麼，我將我的手放在他的胸膛上，說：「安德魯，你的心裡一切都好嗎？」一說完，我就心想：「放輕鬆，這位爸爸。他才八歲，他根本不知道你在說什麼。」

但他卻停下了說話，笑著說：「是的，長官，老爸。」

從那時候開始，這個問題變成了我的一個習慣，有時是一個星期問一次、有時是兩個星期問一次。這個習慣我持續了很多年。

安德魯現在十八歲了，已經長得比我高兩吋。有時，只是為了好玩，我會摟著他的肩膀，將手放在他的胸口，然後問他這個問題。在我還沒來得及問完前，他就會笑著說：「是的，長官。」

問題的價值

你問你孩子的問題，會告訴他們什麼東西對你是重要的。你反覆問的問題，表明了對你而言生命中什麼是**最重要**的。

在你成長的過程中，你的父母問過你多少次以下的問題？「刷牙了沒？」、「做功課了沒？」、「家事做了沒？」、「房間打掃了沒？」、「考試考得怎麼樣啊？」、「你有謝謝人家嗎？」、「你昨晚幾點回家？」

我們從這些問題知道父母看重哪些事情。不用多久，我們在他們還沒來得及開口時，就知道他們要問什麼了。如果我還沒做完功課，那就不用問是否可以看電視了。因為我知道只要我一問電視的事，我媽就會問我功課的事。預期父母會問哪些問題，形塑了我的行為。

對大部分人而言，父母問的問題總是繞著我們行為跟表現打轉。如果你跟大多數成人一樣，我敢打賭你想不出有哪個問題是你媽或你爸會反覆問你，而這問題是會讓你停下來想想在你內心發生什麼事的。於是，從來沒有人教導我們要關注，更別說是保衛我們的心了。我們被教導的是要監視我們的「行為」。這當然沒有什麼錯，除了一件事：正如我們在這本書中一直看到的，最終，會驅動我們行為的，是我們的心。

想像一下，如果你的父母教導你把注意力放在內心正在發生的事上，你的生活會有多大的不同。

衡量心靈的標準

我深信，訓練我們的孩子保衛己心的最好方式之一，就是問問題。我們的問題可以做到兩件事。

首先，問題傳達了我們所看重的心靈價值。但是更重要的是，我們的問題可以真正幫助孩子明白，他們應該要關注哪些事情。隨著時間經過，我們的問題會成為孩子們衡量他們心靈的標準。隨著孩子們的年齡漸長，我在每週例行的床邊談心時間中又加入了幾個問題。一次一個，我會坐在孩子們的床邊，仔細檢查我的問題清單。

「你的心裡一切都好嗎？」

「你在對誰生氣嗎？」

「今天有人傷害了你的感情嗎？」

「今天有人對你不守承諾嗎？」

「你有什麼需要告訴我的事嗎？」

「你在擔心什麼事嗎？」

我會問孩子「有人對你不守承諾嗎？」這個問題，是因為我常常就是那個罪魁禍首。如果他們認為我承諾了某件事情卻沒有做到，我希望他們提出來談談，而不是帶著心事上床。我希望我的孩子們學會在今後的人生中，每天都將他們的心靈打掃乾淨。

當我的女兒艾莉差不多九歲時，我問她：「你會偷偷慶祝誰的失敗？」說老實話，我連她是否有能力理解這問題都不確定。但她的回答卻令我震驚。她立刻脫口而出一個名字！幸運的是，那不是她的兄弟之一，但那是他們的朋友之一。

我說：「艾莉，你明白這個問題是什麼意思嗎？」

她說：「是的，長官。意思是如果他們在一件事情上表現不好，你會覺得很高興。」

你可以想像，那天晚上她睡覺前，我們兩人好好地聊了一下。原來她心裡一直有段心事，我們得把它解決才行。從此以後，我就把那個問題加入了我的清單裡。

孩子的懺悔之夜

這些談心時間的最大回報，來得出乎意料之外。一個晚上，當我們正在吃晚飯時，我提到我們家裡的一個朋友又病了，而我認為他身體上的病痛是由「更深層的」原因引起的。安德魯立刻聽出了我的話中有話。

「什麼更深層的問題？」他問。

那個人孩子們都認識，所以我覺得繼續這個對話會有點微妙。不過因為我總是尋找適合施教的時機，所以無論如何我還是繼續了這個話題。

接下來的幾分鐘，我說明了我們的身體健康與心靈健康的關係。我具體談到了隱藏秘密的危險，以及秘密如何讓人生病。每個人都聽得津津有味，於是我繼續說下去。我談到童年時期發生的一件事是如何影響到一個成年人往後的人生，以及成年人甚至在不記得發生過這件事的情況下，仍然持續受到影響，這樣的事經常發生。

接著，我將這段話延伸活用：「這就是為什麼懺悔我們的罪是如此重要的原因。懺悔讓我們遠離心中所隱瞞的不健康秘密。」

我還沒說完最後一句話，當時九歲的加列特就說，他需要告訴我一件事。

我說：「說吧。」

他說：「不要在這裡，爸。」接著他就站起來離開桌子，往大廳的方向走去。我跟在他後面，當我們走到其他家人可以聽到的範圍外時，加列特告訴我一件在鄰居家裡發生的事。

「這是什麼時候發生的？」我問。

「很久以前了。」他回答。

我謝謝他告訴我，擁抱他，並且告訴他我多麼為他終於清理了自己的心感到驕傲。

接著我們一起回到了餐桌上。

二十分鐘後，當珊卓和我正在收拾桌子時，加列特走進廚房說：「媽，我可以和你談一下嗎？」她跟著他走到客廳，並聽他告白了那件事剩下的部分，他只告訴了我其中一部分。她也擁抱他，並告訴他她有多麼驕傲，因為他渴望把自己的心清理乾淨。回到廚房後，我們兩人談起這件事，都認為他在這麼小的年紀就能學到懺悔的重要性，真是太棒了。殊不知事情還沒結束。

那天晚上就寢時，加列特要求單獨和珊卓談談。我一離開房間，他就又告白了另一件令他感到內疚的事。這件事不像第一件那麼嚴重。

一小時後，當珊卓和我在我們的辦公室工作時，我們聽到小腳踩在地上啪嗒啪嗒的聲音從大廳傳來，是加列特。「我覺得我需要告訴你們一件事，可是我不知道是什麼事。」我叫他先回去睡覺，等他想清楚再回來告訴我們。

幾分鐘後，加列特回來了。「爸，」他說：「我記起來了。」我跟著他回到大廳，聽他告訴我另一件我們都不知道的事。

十點半時，珊卓和我正躺在床上，笑說著加列特的懺悔之夜時，我們又聽到大廳裡傳來了腳步聲。是加列特。他走到我的床邊。我費了一番功夫才沒脫口而出說：「還有什麼？」我忍住了。

「爸、媽，」他說：「昨天艾莉不在時，我沒問就進了她的房間。」我知道我們終於懺悔得差不多了。他已經把每一樣沒有告解的罪都招認乾淨了。我再次感謝他的誠實，並向他保證，上帝會顧念他願意懺悔的心。黑暗中，加列特注視著我們，說：「我只是不想要生病。」

我知道這聽起來很像是編出來的故事，但事情就是這樣發生的，而且我還沒告訴你最棒的部分。

隔天晚上，當我們和加列特一起禱告時，他說完了他平常會說的禱告詞，但在他說「阿們」之前，他卻停了下來，並加上一句：「感謝祢賜我一顆清潔的心。」

保衛己心

如果我們每個人都致力於保持一顆清潔的心呢？

想像一下，如果我們不讓陽光照進心裡，不讓內心的憤怒、貪婪、嫉妒、罪惡感暴露在陽光下，那會發生什麼事？反過來說，如果我們用保衛家園的那種勤奮來保衛我們的心，又會是什麼情況？我們為什麼不這麼做呢？畢竟我們都知道當心田荒蕪時會發生什麼事。我們都能感覺到憤怒、罪惡感、貪婪和嫉妒所帶來的影響。我們應該在人生中的每一天都警醒、注視自己的心。

更好的情況是，想像一下，一整個世代的孩子在成長過程中不僅關注自己的周圍，也關注他們內心正在發生的事。想像一下，你的孩子是在對自己內心動態高度敏感的情形下成長的。我不需要告訴你這會為他們的人生帶來多大的不同，你知道這會給你帶來什麼樣的不同。現在你有一個機會，可以為孩子做一件你的父母可能不知道如何為你做的事。

身為成人，我們一直被教導要切切保衛己心。身為父母，我們被賦予責任，要教導我們的孩子保衛己心。如果你孩子的心靈對你很重要，問問你的孩子他的心發生了什麼事吧。教導你的孩子懺悔、寬恕、慷慨給予，以及讚揚他人的成功。

這些習慣能夠保護心靈不會陷入痛苦的混亂當中。

這些習慣會讓你的孩子在未來與你發展出健全的成人關係。

這些習慣可以改變一切。

第20章

關於情慾

任何關於心靈的討論，如果對於情慾這個主題隻字不提，那就不會完整。我猜想，我的男性讀者群中，也許會有很大比例的人，只要可以讓他們的心不再受到情慾的煎熬，他們願意承受雙倍的罪惡感、憤怒、貪婪和嫉妒的試煉。如果可以安排一場以四換一的交易，很多男人會毫不猶豫地喊「成交」。我也相信會有許多妻子樂意為她們的丈夫安排這場交易。

乍看之下，在我們討論到的四種心靈敵人中，至少有三種經常要歸咎於情慾。例如，性方面的罪會引起罪惡感。我曾經和許多人交談過，他們的秘密都是來自於不正當的性接觸，無論是自願的還是不請自來。性方面的罪也往往導致憤怒。如果你的配偶曾經不忠，你一定還記得當你第一次發現對方背叛時所感到的憤怒。

此外，情慾當然也會激起嫉妒的情緒。但是情慾和罪惡感、憤怒、貪婪和嫉妒之間，還有另一層相關性。

情慾不是一種問題

首先，情慾在一個非常重要的方面不同於罪惡感、憤怒、貪婪和嫉妒：情慾是神創造的。祂甚至還說情慾是**好的**。

「能告訴我那段經文在哪裡嗎？」你問。好吧，是沒有一段經文說得這樣明白，但隱含的意思肯定是如此。當神創造亞當和夏娃時，祂也創造了一**個肉體**（one flesh）的概念。一切跡象都表明亞當強烈地渴望夏娃，而夏娃對亞當也一樣。情慾和性聯袂而來。有性就有情慾。

所以情慾也可以是件好事。如果不是因為情慾，你可能不會出生，我們之中也可能很少有人會結婚。在一段健康的婚姻關係中，情慾是活躍的——而且專一。儘管罪惡感、貪婪和嫉妒總是麻煩的信號，情慾卻不是。情慾可以幫助你，也可以害你。

在人類犯罪之前，情慾就已經存在了，而據我所知，貪婪、憤怒、罪惡感和嫉妒則是人類墮落之後才出現的。有意思的是，這四樣東西都出現在人類墮落的故事中。當罪進入這個世界時，一切都被敗壞了。包括情慾。

情慾的另一個不同之處在於，它是一種慾望——無論你多屬靈或是多具有奉獻的心，情慾都不會消失。情慾不是一個你能**解決**的問題，而是你要**管理**的慾望。因此我們需要自我控制。情慾可以專一於一個對象，卻無法完全消除。

你可以一勞永逸地解決掉你的憤怒和罪惡感，但是你無法對情慾這樣做。情慾會一直在那裡。不管怎樣，它會在那裡很久。

尋找解決辦法

我曾輔導過數以百計的人，他們說自己錯置的情慾使他們陷入麻煩。根據這些談話，我得到了以下結論：情慾是問題根源的情況很少見。當情慾造成問題時，幾乎都是我們談到過的一種或數種心靈問題的呈現而已。一旦清除憤怒、罪惡感、貪婪和嫉妒，情慾就會變得更加容易管控。只要處理這四個大敵，你在性方面的自我控制力就會有顯著的提高。

尤其是憤怒和罪惡感，更會刺激人們犯性方面的罪。我曾輔導過的每一個嚴重沉迷於色情的男性，都與父親之間有未解決的問題（說「他很生他父親的氣」都太含蓄，他們是真的對父親有著極大的憤怒）。正如你可能想像的，這些男人看不見他們未曾解決的憤怒與他們未受控制的情慾之間的相關性。但是有一點是明顯相關的：某種程度上，色情作品可以替代親密感，而親密感是每個男人都需要從他們父親那裡得到的東西。

每個我遇到或輔導過的性關係混亂的女性都有秘密與傷痛，這些秘密與傷痛可以追溯到她們的童年時期。透過這些與情慾相關的問題，再往前追溯，你會發現一顆生病的心——一顆充滿憤怒、罪惡感，甚至是嫉妒的心。有沒有例外呢？我相信例外是一定有的，但我從來沒有遇到或聽過就是了。

找出一個因為情慾超出正常程度而飽受煎熬的男性或女性，我就能夠讓你看見一個心靈遭到四大敵人中的某一個完全入侵的人。

簡單地說，罪惡感、憤怒、貪婪和嫉妒會削弱我們對抗性誘惑的決心。在保羅寫給以弗所信徒的書信中，我們看見事情是怎麼變成這樣的。他寫道：「生氣卻不要犯罪；不可含怒到日落，也不可給魔鬼留地步。」顯然，保羅認為未解決的憤怒會讓魔鬼有機會在我們的生命中建立一個行動基地。但是這基地是要做什麼用的？當然是魔鬼想做什麼就做什麼。這句話的意涵很清楚：對付你的憤怒，你就會奪走敵人的立足點；拒絕對付它，你就必須有心理準備面對最糟的情況。

未解決的憤怒提供了一條大道，讓撒旦能夠長驅直入我們生命中的任一角落。牠夠聰明，知道沒有什麼東西比性方面的罪更能摧毀人類的靈魂，沒有什麼東西比性方面的污穢更能破壞一個人建立親密關係的能力。所以牠利用我們的憤怒來達到牠的目的，而最終是我們付出了代價。沉重的代價。

想想看你自己的經驗。當你生氣時，你會比平常更容易受到性的誘惑，不是嗎？憤怒會扭曲我們的思考，進而扭曲我們的決策能力。記住，當我們生氣，那是因為我們深信有人虧欠了我們什麼。當我們覺得自己有資格想做什麼就做什麼時，憤怒會讓我們對別人或對自己造成的傷害無感。

學會自我控制

多年前，當我和高中生一起進行服事工作時，我無意間聽到了一段令我永遠忘不了的對話。

當時我正開著教堂的車子要到營地去，兩個高一的女孩就坐在我的後方。她們談話時，其中一個女孩問她的朋友：「你會不會讓提姆……」接下來她就用青少年的口吻描述了一項大多數人會認為未婚男女不宜進行的活動。但這還不是令人震驚的部分，是她朋友的回答才令我大吃一驚。

她說：「如果我剛跟我媽吵完一架，我可能會。」

她在說什麼啊？如果她剛跟她媽吵完架？這跟那件事情有什麼關係嗎？才十五歲的年紀，這位年輕女孩已經體會到她的憤怒和她在性方面的脆弱感之間的關係了。一段關係中的憤怒，讓她在另一段關係中變得脆弱。

憤怒的情形是如此，罪惡感、貪婪和嫉妒的情形也是如此。這四大心靈敵人都會削弱我們對抗性誘惑的決心。它們讓我們的情感失去平衡，使我們在情慾面前變得脆弱。它們就像失控的病毒，削弱了我們精神的免疫系統。

所以我們該如何對待情慾？應該忽視它，還是將它歸結為一種無藥可救的症狀？都不是。情慾必須受到控制，情慾必須適當地專注集中。無論我們的心靈變得多麼健康，我們始終都會需要自我控制。我的觀點很簡單：保持性方面的純潔之戰，隨時都會在每個人的前線發起，我們無從閃避。但是一顆健康的心可以讓我們處在一個更有利的位置，以抵禦各式各樣的誘惑。

懺悔、寬恕、讚揚及給予的習慣可以強化我們的決心，剷除敵人在我們生命中的行動基地。我們的心越健康，我們就越容易將神賜給我們的這種慾望保持在適當及受控制的狀態。

後記
心靈的節奏

懺悔、寬恕、給予、讚揚。

這些習慣將改變一切。一旦這四個習慣定義了你心靈的節奏，你的生命將會改頭換面。為什麼？因為這些習慣使你有能力解決你跟他人、跟上帝，甚至是跟你自己之間的債務關係。將債務與債務人的動態從關係中移除，可以引導我們走向更好的溝通、理解與開放性。

懺悔使我們走出我們躲藏的地方。寬恕則使其他人能夠從掩護中走出來。慷慨讓我們成為神的同工，使祂得以具體有形地向我們周圍的世界展現祂自己。讚揚讓我們成為神傳達祂喜悅的工具。這就是你受造的目的，也是為什麼這些習慣可以深刻改變我們生命的原因。沒有任何事物可以離開它們的影響。

如果你還沒有想清楚，那我再多說明一點。這四個習慣讓我們可以自由地去愛，就像上帝希望我們的那樣。憤怒、貪婪、罪惡感與嫉妒都是愛的對立面，只要這四個怪物在你心中不受拘束地生長，你就無法持久地愛人，你的愛就會受到挫敗。無論你再努力也無法彌補它們造成的傷害。最純粹的動機也無法使你戰勝它們。當你的心裡窩藏著一個或數個這樣的敵人時，你是無法愛人的——最終，它們會打敗你。

要用正確的眼光來看待這一切，思考一下保羅寫給哥林多（格林多）信徒的這段熟悉經文吧：

> 愛是恆久忍耐，又有恩慈；愛是不嫉妒；愛是不自誇，不張狂，不做害羞的事，不求自己的益處，不輕易發怒，不計算人的惡，不喜歡不義，只喜歡真理；凡事包容，凡事相信，凡事盼望，凡事忍耐。（哥林多前書 13:4-7）

憤怒的人不會恆久忍耐。懷有罪惡感的人沒有恩慈。嫉妒的人充滿了妒忌與不滿。貪婪的人不會伸出援手，只會自誇。憤怒使我們張牙舞爪。貪婪誘使我們只尋求自己的益處。嫉妒在計算比較中滋長。貪婪的人自我保護。罪惡感使我們無法信任別人，因為我們已經知道，就連我們自己都不值得信賴。

你終於明白了。

而我們得到的命令是彼此相愛：「我賜給你們一條新命令，乃是叫你們彼此相愛；我怎樣愛你們，你們也要怎樣相愛。」（約翰福音 13:34）

耶穌說我們**必須**彼此相愛。我相信你也同意這句話。但是，即使你的心只有受到這四個魔鬼中的一個所汙染，你試試看能不能用這樣的心去擁抱這個命令吧。也就是說，除非你處理了你的憤怒、罪惡感、貪婪或嫉妒（或是它們全部），否則你就無法遵守上帝向我們所發出的最重要命令。

懺悔、寬恕、給予、讚揚。這四個習慣可以改變一切，因為它們釋放了我們，使我們能夠表達並體驗人類靈魂所能感受到的最偉大力量——無條件的愛。

啟程上路

這趟旅程，該從哪裡開始？

如果你還不確定要從哪裡開始，我可以給你指點一個方向，就是去找那個可能會知道的人——最了解你的人，和你一起生活的人。你的丈夫、你的妻子、你的孩子、你的父母。他們每天都觀察著你內心的變化。他們知道你該從哪裡開始。

問問你周遭的人。這裡是一些談話的開場白：

「你認為我很難對事情完全敞開嗎？」

「你是否覺得在我周遭有一堵牆？」

「你曾經覺得你在跟我的某樣東西爭寵嗎？」

「你會覺得我把你跟別的女人／男人／孩子比較嗎？」

「你害怕和我說話嗎？」

「你是否會想，不知道你回家時看見的會是哪一個我？」

你很可能已經知道，你最親近的人會如何回答其中的一些問題了。如果你決定無論如何都要問，這裡有個建議：先下定決心你絕不會為自己辯護。如果你這樣做，你什麼都不會學到。

如果你不想要和你的家人朋友討論這個話題，那麼我建議你回到這本書中最令你感到不舒服的部分，很可能那正是上帝想要在你生命中做一些改變的地方。在那些令你畏縮、侷促不安，令你和我爭辯起來的書頁中，可能有一兩個真理是你的天父想要逐漸銘刻在你靈魂深處的。

就像一個醫生，他熟練地用雙手觸摸、查探，直到找到某個敏感的地方，上帝的真理也有找到自己印記的方法。但是，除非你允許上帝進入你生命中那些敏感的禁區，否則，一切都不會發生。

如果你願意這樣做，也許一開始你會得到的是個帶有威脅性、令人不舒服的啟示，但它卻可能帶給你從未體驗過的自由。

附錄
小組問題討論

這裡的問題，可以提供讀者們在閱讀本書的過程中，進行反思與討論。這是為小組討論而設計的，一共安排了六週的討論問題。

你會發現，第二週到第六週的討論是按照主題劃分，因此涵蓋的章節來自書中的不同章節，簡述如下：

- 第一週是前導的概念，涵蓋了本書前五章的內容。
- 第二週的主題是處理罪惡感，涵蓋了第六、十一及十二章。
- 第三週的主題是處理憤怒，涵蓋了第七、十三及十四章。
- 第四週的主題是處理貪婪，涵蓋了第八、十五及十六章。

- 第五週的主題是處理嫉妒，涵蓋了第九、十七及十八章。
- 第六週是最後的省思，涵蓋了第十、十九、二十章，以及後記。

第1週 你心裡藏著什麼？

第1章　問題從哪裡來

1. 安迪在本章中問：「你內心的情形如何？」你的回答是什麼？想幾個可以準確描繪你此時內心狀況的詞。如果你能回答得更充分完整，那就盡量完整回答。
2. 什麼樣的事情最可能攪擾你內心的平靜與幸福感？
3. 就像過去的安迪，你會用什麼方式來修正你的行為，以避免產生痛苦？
4. 讓未解決的問題或衝突在我們心中悶燒，可能產生什麼危險？
5. 在本章中，安迪引用了〈以西結書〉第三十六章中關於上帝賜給祂的子民「一顆新的心」的陳述。在這段經文中，上帝說：「我也要賜給你們一個新心，將新靈放在你們裡面，又從你們的肉體中除掉石心，賜給你們肉心。」（36:26）如果你覺得這個承諾有什麼特別鼓舞人心之處，為什麼？此外，作為對這個承諾的回應，你的心裡想到了什麼問題？

6. 在你的生命中，你可以看見哪些明顯的證據，表明神在你的心中還有更多工作要做——也就是說，你尚未完全得救？

第2章　事情不像表面上那樣簡單

7. 安迪在這一章中問到：「那散布在你周遭的所有不恰當行為和傷人言語，它們的來源是什麼？」接著他又問：「解決辦法是什麼？」就你所理解的，你會如何回答這兩個問題？

第3章　隨時會爆發的火山

8. 在這一章中，安迪提到了耶穌在〈馬太福音〉第十五章中所說的話：「但是從嘴裡出來的是出自內心，那才會使人不潔淨。因為從人心裡出來的有種種惡念；這些惡念指使他犯兇殺、淫亂、通姦、偷盜、撒謊、毀謗等罪。這一切才真的會使人不潔淨。至於不先洗手吃飯那一類的事是不會使人不潔淨的。」（15:18-20）就你個人而言，你認為這個真理最重要的意涵是什麼？

9. 安迪也引用了這句箴言：「你要切切保守你心，勝過保守一切，因為一生的果效是由心發出。」（箴言 4:23）這段經文中的道理，和安迪在同一章裡引用的另一段經文「人心比萬物都詭詐，壞到極處，誰能識透呢？」（耶利米書 17:9）相比，你有什麼看法？

第4章　受傷的心

10. 你會如何說明你為什麼需要「監視」你的心？

11. 在你的過去，什麼樣的經驗對你的心造成最大的傷害？這些事情曾經如何影響你的人際關係？又曾如何影響你對上帝的信仰？

第5章　欠來欠去的債

12. 用你自己的話來說，你會如何說明我們所經驗到的罪惡感、憤怒、貪婪和嫉妒，它們背後所隱藏的同一種驅動力？

13. 想一想你最親密的幾段人際關係。逐段評估每一段關係是否平衡或失去平衡（例如有一人佔上風）。那個「債務」的性質是什麼？
14. 失衡的關係為何是不健康的？隨著時間經過，可能會發生什麼事，使得這段關係逐漸出現緊張？

第2週　處理罪惡感

第6章　罪惡感：我虧欠你

1. 如何用你自己的話來說明我們的罪惡感背後所隱藏的虧欠感？為什麼這種特殊的債務如此沉重不堪？
2. 根據你自己的觀察，未解決的罪惡感通常如何影響一個人？
3. 你會如何從你所經驗到的罪惡感來評價你自己的生活？在這方面你可能會需要哪些幫助？

第11章　正視罪惡感

4. 你認為對於懺悔的最正確、最好的看法是什麼？它應該包括什麼？
5. 為什麼我們對罪的懺悔必然牽涉到其他人？

第12章　走入陽光下

6. 你相信公開懺悔的價值嗎？為什麼相信，或為什麼不相信？
7. 你如何說明「懺悔」和「經歷神的恩典與寬恕」之間的連結？
8. 在你自己的生活中，你可以做什麼來更充分地經歷神的寬恕，並使你從罪惡感中解脫？

第3週　處理憤怒

第7章　憤怒：你虧欠我

1. 如何用你自己的話來說明當我們憤怒時，背後所隱藏的虧欠感？

2. 回想一下你自己的憤怒經驗。嘗試找出那些你想要但得不到的東西——你因為得不到那東西而引發了憤怒，那些東西是什麼？

3. 憤怒與傷害之間有什麼聯繫？

4. 根據你自己的觀察，未解決的憤怒通常如何影響一個人？

5. 安迪在這一章中說：「我敢說你有一個故事要說」——一個關於「你有正當的理由憤怒」的故事。如果那正是你的情形，你的故事是什麼？

6. 你會如何從你所經驗到的憤怒來評價你自己的生活？在這方面你可能會需要哪些幫助？

第13章　正視憤怒

7. 為什麼憤怒特別地危險？

8. 你會如何說明憤怒導致苦毒的過程？

9. 安迪在本章中提到的「寬恕的態度」是什麼？如何用你自己的話來描述它？

第14章　完成寬恕的循環

10. 我們對他人的完全寬恕實際上涉及了什麼？
11. 對你個人而言，什麼是神展現祂的寬恕的最有意義方式？
12. 在你自己的生活中，要將神的寬恕更充分地延伸到他人身上，並使你從憤怒中解脫，有哪些事情是你可以做的？

第4週　處理貪婪

第8章　貪婪：我虧欠自己

1. 如何用你自己的話來說明隱藏在我們的貪婪背後的虧欠感？
2. 根據你自己的觀察，貪婪通常如何影響一個人？
3. 如果有的話，你曾透過哪些值得注意的方式，承認你自己的貪婪？
4. 安迪說：「貪婪不是金錢的問題，貪婪是心靈的毛病。」你同意嗎？為什麼同意，或為什麼不同意？

5. 你會如何從你經驗到的貪婪來評價你的生活？

6. 承上，在這方面你可能會需要哪些幫助？

第15章　正視貪婪

7. 恐懼以哪些方式助長了貪婪？

8. 你如何說明耶穌在〈路加福音〉十二章十五至二十一節的寓言中所教導的要點（有關那個得了「大穀倉症候群」的財主）？

第16章　慷慨的力量

9. 安迪敦促我們要時常問自己這個問題：「我為什麼要擁有這麼多東西？」你如何回答？

10. 為什麼賺更多的錢永遠無法讓人克服貪婪？

11. 在你自己的生活型態中，要更充分地展現慷慨，並使你從貪婪中解脫，有哪些改變是你可以做的？

第5週　處理嫉妒

第9章　嫉妒：上帝虧欠我

1. 如何用你自己的話來說明隱藏在我們的嫉妒感覺背後的虧欠感？
2. 你是否同意安迪說嫉妒是我們「對神不滿」的表現。為什麼同意，或為什麼不同意？當我們體驗到嫉妒時，它與上帝有什麼關係？
3. 根據你自己的觀察，嫉妒通常如何影響一個人？
4. 你如何從你經驗到的嫉妒來評價你的生活？在這方面你可能會需要哪些幫助？

第17章　正視嫉妒

5. 你認為嫉妒背後的驅動力是什麼？
6. 潛伏在你內心的慾望中，哪一個是你認為最危險的慾望？你認為要將這些慾望完全交到上帝手上，讓祂承擔滿足你慾望的責任，最佳的方式是什麼？你如何以一種實際、有效的方式做到這一點？

第18章　讚揚的好理由

7. 為什麼嫉妒是危險的？
8. 在你自己的生活中，你可以用什麼方式來更充分地讚揚和感謝神對你的祝福，並讓自己從嫉妒中解脫？

第6週　接下來該怎麼做？

第10章　快樂的習慣

1. 在我們生命中，為什麼真正的改變（養成新的、更好的習慣）是如此困難？為什麼改變需要付出這麼多的努力？
2. 你如何定義並說明你在生命中最渴望的那種快樂？你願意做什麼努力或改變來實現這樣的快樂？

第19章　為了你的孩子好

3. 如果你有孩子（或是希望哪天能夠有孩子），你可以做什麼來……
   - 幫助他們遠離罪惡感？
   - 幫助他們遠離憤怒？
   - 幫助他們遠離貪婪？
   - 幫助他們遠離嫉妒？
4. 你認為有哪些重要的方法，可以更好地了解孩子們的內心世界？

第20章　關於情慾

5. 情慾和我們在前面章節中討論過的四大「心靈敵人」有何不同？
6. 你曾經觀察到罪惡感、憤怒、貪婪或嫉妒會讓人更容易產生情慾方面的問題嗎？你是如何觀察到的？
7. 你個人認為在進行性的自我控制方面，什麼是最佳策略（也是最佳習慣）？

後記　心靈的節奏

8. 你認為「愛的經驗與實踐」與「戰勝罪惡感、憤怒、貪婪和嫉妒這四個心靈敵人」，這兩者之間有何聯繫？

9. 你有哪些更好的方式，能夠讓人幫助你養成更好的精神習慣，以得到心靈健康？你有哪些最好的方式能夠幫助別人也這麼做？

10. 讀完了這本書，你學到了（或是重新學到了）什麼是對你個人最有幫助的？

11. 關於上帝以及上帝的性格，你從這本書中了解最多的是什麼？

12. 讀完了這本書，你最感激上帝的是什麼？

謝詞

我想向與我亦師亦友的史提夫・榮格伯格道謝。

史提夫，我要為那些次數多到我都記不清的早餐會感謝你。感謝你的聆聽。感謝你專程開車穿過一整個市區，向我保證我會沒事。你的洞察力改變了我的生命。在我人生最黑暗的時刻，你在我身邊。無論我向你說多少次感謝，都不會足夠。

我希望這本書能夠像你為我做的那樣，也用某種微小的方式為別人做點什麼。

謝謝你。

國家圖書館出版品預行編目資料

告別受委屈的自己：別讓情感的虧欠，變成情緒與關係的毒素 / 安迪・史坦利 (Andy Stanley)著；陳雅馨譯. -- 初版. -- 臺北市：啟示出版：家庭傳媒城邦分公司發行, 2021.07
面；　公分. --(Talent系列)

譯自：Enemies of the Heart : Breaking Free from the Four Emotions That Control You

ISBN 978-986-06832-1-9 (平裝)

1.基督徒　2.情緒管理

244.98　　　　110011275

Talent系列044

告別受委屈的自己：別讓情感的虧欠，變成情緒與關係的毒素

作　　者／安迪・史坦利（Andy Stanley）
譯　　者／陳雅馨
企畫選書人／李詠璇
總 編 輯／彭之琬
責任編輯／李詠璇

版　　權／黃淑敏、翁靜如
行銷業務／莊英傑、林秀津、王　瑜
總 經 理／彭之琬
事業群總經理／黃淑貞
發 行 人／何飛鵬
法律顧問／元禾法律事務所 王子文律師
出　　版／啟示出版
115 台北市南港區昆陽街 16 號 4 樓
電話：(02) 25007008　傳真：(02)25007579
E-mail:bwp.service@cite.com.tw
發　　行／英屬蓋曼群島商家庭傳媒股份有限公司城邦分公司
115台北市南港區昆陽街16號8樓
書虫客服服務專線：02-25007718；25007719
服務時間：週一至週五上午09:30-12:00；下午13:30-17:00
24小時傳真專線：02-25001990；25001991
劃撥帳號：19863813；戶名：書虫股份有限公司
讀者服務信箱：service@readingclub.com.tw
城邦讀書花園：www.cite.com.tw
香港發行所／城邦（香港）出版集團
香港九龍土瓜灣土瓜灣道86號順聯工業大廈6樓A室　E-mail: hkcite@biznetvigator.com
電話：(852) 25086231　傳真：(852) 25789337
馬新發行所／城邦（馬新）出版集團【Cite (M) Sdn Bhd】
41, Jalan Radin Anum, Bandar Baru Sri Petaling, 57000 Kuala Lumpur, Malaysia.
電話：(603) 90563833　傳真：(603) 90576622
Email: services@cite.my

封面設計／徐璽
排　　版／極翔企業有限公司
印　　刷／韋懋實業有限公司

■ 2019 年 4 月 11 日初版
■ 2024 年 6 月 06 日二版 2.5 刷

Printed in Taiwan

定價 350 元

Originally published in English under the title: Enemies of the Heart by Andy Stanley

Published by Multnomah Books, an imprint of the Crown Publishing Group, a division of Penguin Random House LLC
10807 New Allegiance Drive, Suite 500, Colorado Springs, Colorado 80921 USA
The author gratefully acknowledges ESPN.com, "Maravich's Creative Artistry Dazzled" by Bob Carter, and Wikipedia. org as sources for the story and statistics of "Pistol Pete" Maravich. Previously published as It Came from Within!

International rights contracted through Gospel Literature International
P.O. Box 4060, Ontario, California 91761 USA

This translation published by arrangement with Multnomah Books, an imprint of the Crown Publishing Group, a division of Penguin Random House LLC

ISBN 978-986-06832-1-9